Шорские сказки

쇼르인 이야기

<지식을만드는지식 소설선집>은
인류의 유산으로 남을 만한 작품만을 선정합니다.
오랜 시간 그 작품을 연구한 전문가가
정확한 번역, 전문적인 해설, 풍부한 작가 소개, 친절한 주석을 제공하는
고급 소설 선집입니다.

지식을만드는지식 소설선집

시베리아 설화집

Шорские сказки

쇼르인 이야기

작자 미상

엄순천 옮김

대한민국, 서울, 지식을만드는지식, 2019

편집자 일러두기

- 이 책은 ≪Шорские народные сказки≫(Софрон Тотыш, Кемерово: Кемеровское книжное издательство, 1965), http://www.northlights.ru/text.php?group=11&story=292를 원전으로 옮긴이가 가려 뽑아 번역했습니다.
- 주석은 모두 옮긴이가 단 것입니다.
- 외래어 표기는 현행 한글어문규정의 외래어표기법을 따랐습니다.

차 례

마법 이야기

지혜로운 쇼르인 이야기

신령 이야기

자연 이야기

마법 이야기

마법의 모자

아주 오래전 카라티칸 왕궁에서 멀지 않은 유목 마을에 성실한 남자가 살고 있었다. 그에게는 세 아들이 있었는데 막내아들의 이름은 아스탐이었다. 아버지는 세 아들에게 유르타[1)]를 지어 주면서 먼저 큰아들에게 말했다.

"아들아, 오늘은 새로 지은 네 유르타에서 자도록 해라. 꿈을 꾸거든 내일 내게 말해 다오."

아침에 아버지가 물었다.

"그래, 아들아, 꿈을 꾸었느냐? 그 꿈대로 네 인생이 펼쳐질 것이다."

"꿈속에서 타이가[2)]를 거닐었어요. 많은 종달새, 여우, 수달과 다른 짐승들을 잡았고 아주 헐값으로 지주에게 팔았어요."

"아들아, 세상에! 너는 평생 사냥꾼으로 살겠구나. 열심히 사냥을 해서 나처럼 장사꾼에게 아주 헐값으로 팔게 될 거다."

---

1) 중앙아시아 유목민의 전통 가옥으로 '고향'이란 뜻을 지니고 있다.

2) 북반구의 냉대 기후 지역에 나타나는 침엽수림.

아버지가 둘째 아들에게 말했다.

"그래, 아들아, 오늘은 새로 지은 네 유르타에서 자거라. 꿈을 꾸게 되면 그렇게 네 인생이 흘러갈 거다."

둘째 아들이 자신의 새 유르타로 자러 갔다. 아침에 아버지에게 왔을 때 아버지가 물었다.

"그래 아들아, 말해 보거라. 새 유르타에서 어떤 꿈을 꾸었느냐?"

"꿈에 사냥꾼들을 보았어요. 그들에게 수달을 사서 지주에게 팔아 넘겨 많은 이익을 남겼어요."

"아들아, 그렇구나, 너는 명예롭지 못한 삶을 살게 되겠구나. 사람들을 속이면서 사람들의 피땀을 빨아먹게 될 거다. 착하게 살도록 노력해라."

막내아들을 불렀다.

"자, 아스탐아, 이젠 네 차례다, 새로 지은 네 유르타에 가서 자도록 해라. 꿈을 꾼 대로 바로 그렇게 네 인생이 흘러가게 될 거다."

아침에 아버지가 막내아들에게도 새 유르타에 자면서 어떤 꿈을 꾸었는지 물었다. 아스탐이 대답했다.

"제 꿈을 아버지가 알아야 될 이유가 있나요? 왜 그런 거죠?"

그렇게 아버지에게 답을 했고 화가 난 아버지는 아스탐

을 채찍으로 때렸다. 다음 날 아버지가 물었다. 아스탐은 똑같은 대답을 했다. 아버지는 더 세게 아스탐을 채찍으로 때렸다. 셋째 날도 아버지가 물었고 아스탐은 똑같은 대답을 했다. 아버지는 더 심하게 화가 나서 아스탐을 채찍으로 때리면서 내쫓았다.

아버지가 아들에게 말했다.

"네가 가엾지만 위대한 카라티칸에게 가서 네 이야기를 해야겠다. 너를 어떻게 가르치면 좋을지 칸에게 직접 물어보고 와야겠다."

아들에 대한 노여움을 안고 카라티칸에게 갔다. 궁전으로 들어갔다. 고개를 숙이면서 인사를 했다. 칸이 물었다.

"사냥꾼 양반, 무슨 일로 나를 찾아왔소?"

"세상에, 위대한 칸이시여. 내 막내아들 아스탐은 새로 지은 자신의 유르타에서 잠을 잤지요. 꿈을 꾼 것이 분명한데 아버지인 제게 말을 하지 않는답니다. 채찍으로 세 번이나 그 아이를 때렸지만 여전히 말을 하지 않습니다. 그래서 위대한 칸이신 당신에게 왔습니다. 어떻게 하면 좋겠습니까?"

"사냥꾼 양반, 아들을 제게 데려오시오. 당신에게는 말하지 않더라도 제게는 말을 하지 않을까요? 말을 하지 않는다면 강제로 말하게 해야지요."

아침에 두 명의 하인이 아스탐에게 가서 위대한 카라티칸이 부른다고 전했다.

아스탐이 말했다.

"제가 카라티칸에게 꼭 가야 되나요? 저는 카라티칸을 만나고 싶지 않아요…. 제가 그를 꼭 만나야 될 이유가 있나요?"

칸의 하인들이 칸에게 와서 보고했다. 카라티칸은 엄청 화가 나서 천둥처럼 쿵쿵 소리를 냈고 번개처럼 눈을 번쩍거리다가 휘파람을 불기도 했다.

"그 아이가 내게, 위대한 칸인 내게 어떻게 그런 말을 할 수 있단 말이냐?"

그 앞에 있던 하인들은 못에 박힌 것처럼 꼼짝도 못 하고 서 있었다.

하인들이 물었다.

"어떻게 할까요? 위대하신 칸이시여, 죽일까요?"

"내게 지금 당장 아스탐을 끌고 오너라. 스스로 오지 않겠다면 팔다리를 묶어서 끌고 오너라!"

시종들이 대답했다.

"예, 위대한 칸! 즉시 이행하겠습니다."

아스탐은 카라티칸의 하인들에게 끌려왔다. 아스탐은 고개를 숙여 카라티칸에게 인사를 했다.

"안녕하세요, 위대한 칸이시여, 군주시여!"

카라티칸은 아스탐을 친절하게 맞아 주었고 식탁에 앉게 한 뒤 맛있는 음식과 음료수를 대접했다. 그리고 물었다.

"얘야, 너의 새 유르타에서 잠을 잘 때 도대체 어떤 꿈을 꾸었기에 아버지에게도 말하지 않는 게냐, 한번 말해 보거라."

"아무에게도 말하지 않을 거예요."

그 자리에서 화가 난 칸은 천둥처럼 큰 소리를 쳤다. 분노가 번개처럼 활활 타올랐다. 옆에 있는 아스탐의 몸에 한기가 흘러내렸다.

"위대한 칸인 내게 꼭 그렇게 대답해야겠냐? 이 못된 놈아, 너를 지하의 동굴 감옥에 처넣을 게다. 그도 안 되면 머리를 잘라 버리겠어. 좋은 말로 할 때 꿈 얘기를 해라. 말하지 않으면 쥐 새끼처럼 비틀어 버리겠다."

"원하신다면 지하 동굴 감옥에 저를 처넣으세요. 그건 카라티칸 당신 마음대로입니다. 아무리 그래도 제 꿈 얘기는 듣지 못하실 겁니다."

카라티칸이 발을 한 차례 쿵쿵 구르고 휘파람을 한 차례 불자 하인 두 명이 나타나 아스탐을 지하 동굴 감옥으로 끌고 간 뒤 동굴 입구를 큰 바위로 막았다.

그런데 어느 날 잘생긴 아스탐을 보게 된 카라티칸의 막내 여동생은 아스탐에게 사랑에 빠지게 되었다. 오빠 몰래 음식을 가져다가 아스탐에게 주었다.

어느 날 아스탐이 아가씨에게 물었다.

"나라에 무슨 일이 있는지 말해 줄 수 있나요?"

"특별한 일은 없답니다. 다만 제 오빠 카라티칸은 멀리 떨어진 나라에 부모도 없이 살고 있는 아가씨가 아주 지혜롭다는 이야기를 듣고 그녀와 결혼을 하기 위해 청혼을 했답니다. 그런데 그녀가 오빠에게 수수께끼를 하나 내주면서 풀어 오라고 했어요."

"어떤 수수께끼인지 말해 보세요. 제가 도와줄 수 있을지도 몰라요."

"바로 이런 수수께끼랍니다. 그녀가 통나무 하나를 보내왔는데 꼭대기와 밑둥을 알아보지 못하게 평평하게 깎아서 색칠을 해 두었답니다. 그런데 그녀는 오빠에게 어디가 밑둥이고 어디가 꼭대기인지를 알아맞히라고 했답니다. 전국에서 사람들이 모여들었지만 알아내지 못하고 있답니다."

"이렇게 하면 된답니다. 통나무를 물이 흐르는 반대 방향에 놓아두세요. 그러면 통나무가 돌아갈 겁니다. 이때 물이 흐르는 방향의 아래쪽으로 향한 부분이 밑둥이고 다른 부분이 꼭대기랍니다."

아가씨는 아스탐이 말해 준 대로 오빠에게 이야기했다.

"동생아, 너는 이것을 어떻게 알아냈니?"

"동굴 감옥에 갇혀 있는 아스탐이 말해 주었어."

"네가 어떻게 그곳에 가게 되었니?"

"동굴 근처를 지나가는데 동굴 틈으로 그가 나를 불러서 통나무 문제를 어떻게 해결하면 되는지 말해 주었어요."

위대한 칸은 하인들에게 통나무를 가져오라고 명령한 뒤 통나무를 강물의 흐름과 반대되게 놓아두었다. 잠시 후 통나무가 빙그르르 돌았다. 통나무는 밑둥을 앞쪽으로 한 채 흘러 내려갔다. 칸은 기뻐하면서 어디가 꼭대기고 어디가 밑둥인지 자신의 손으로 직접 통나무에 새겨서 지혜로운 아가씨에게로 갔다.

시간이 꽤 많이 흐른 어느 날 먼 나라에서 지혜로운 아가씨의 심부름꾼이 카라티칸을 찾아왔다.

"카라티칸이시여, 아가씨가 낸 첫 번째 수수께끼를 알아맞히다니 지혜로우십니다. 지금 아가씨는 당신에게 세 개의 수수께끼를 더 드릴 것입니다. 모두 맞히시면 당신의 아내가 될 것이고 그렇지 못하면 당신보고 이 나라를 떠나라고 하셨습니다."

이 소식을 들은 카라티칸은 슬픔에 잠겨서 고개를 떨어뜨렸다. 여동생이 물었다.

"어째서 고개를 푹 떨어뜨리고 슬픔에 잠겨 있나요?"

"내가 어떻게 슬퍼하지 않을 수 있겠니? 첫 번째 수수께끼는 어떻게 맞혔는데 아가씨가 세 개의 수수께끼를 더 내주었구나."

"에이, 오빠, 이 모든 수수께끼를 모두 풀어 줄 수 있는 사람을 찾도록 도와줄까요? 원하지 않으세요?"

"그래 주렴, 동생아, 정말 그런 사람을 간절히 원한다. 제발 빨리 좀 찾아주렴."

"오빠, 젊은 아스탐을 동굴 감옥에 가둬 두는 것은 쓸데없는 짓이에요. 이 나라에서 아스탐보다 더 지혜로운 사람은 없을 거예요. 오빠는 너무 어리석어요. 그러고도 어떻게 자신이 칸이라고 생각하세요?"

카라티칸은 즉시 아스탐을 동굴 감옥에서 풀어 주라고 명령했다.

아스탐은 위대한 칸 앞에 서게 되었다. 카라티칸은 친절하게 그를 맞아 주었고 식탁에 앉힌 뒤 음식을 대접하기 시작했다.

"아스탐아, 내가 너를 동굴 감옥에 가둬 두었다고 화를 내지는 말거라. 나를 도와 다오. 내가 아가씨가 낸 수수께끼를 풀어서 그녀와 결혼할 수 있도록 도와 다오. 이 나라에 너보다 더 지혜로운 사람은 없다고들 하는구나."

"칸이시여, 명령만 내리십시오. 그런데 제게 필요한 것을 칸님이 구해 주어야 합니다. 이 나라의 청년들을 모두 모아서 그들 중 저와 똑 닮은 청년 열한 명을 골라 주세요. 3일의 시간을 드리겠습니다. 그동안 저를 집에 보내 주세요. 3일 뒤에 반드시 이곳으로 오겠습니다."

어쩌겠는가? 그렇게 할 수밖에 없었다. 칸은 아스탐을 집으로 보내 주었다. 얼마를 걸어갔을까? 고향 마을에 도착한 아스탐은 아버지의 유르타로 들어가서 아버지의 가죽 가방과 도끼를 들었다. 인적이 드물고 울창한 타이가로 달려갔다. 꿈에서 보았던, 흰 표피의 자작나무 그루터기가 있는 곳까지 달려갔다. 힘차게 나무를 베어 흰 표피의 나무 그루터기를 넘어뜨렸다. 그랬더니 이 그루터기에 구멍이 있는 것이었다. 그런데 그 구멍에 여태까지 한 번도 본 적이 없는 모자가 있는 것이 아닌가! 아스탐은 이 모자를 쥐어 들었지만 소스라치게 놀라지 않을 수가 없었다. 그루터기와 모자는 자신이 새 유르타에서 잠을 잘 때 꿈에서 본 것과 완전히 똑같았다.

아버지의 유르타 근처에 온 아스탐은 모자를 쓰고 안으로 들어갔다. 인사를 했지만 아무도 그를 보지 못했고 그의 목소리도 듣지 못했다. 아버지에게서 잠시 머무른 뒤에 카라티칸에게 갔다.

나라의 모든 청년들이 어두운 숲처럼 빽빽하게 모여 있

었다. 카라티칸은 청년들 사이에서 아스탐과 똑같은 이들을 고르다가 아스탐을 발견하자 뛸 듯이 기뻐했다. 함께 고르기 시작했다.

아스탐이 말했다.

"이제부터 우리에게 똑같은 옷과 똑같은 신발과 날렵한 말을 주세요."

모든 준비가 끝나자 길을 떠났다. 황금 안장에 흑색 준마 한 쌍을 준비했다. 한 마리는 카라티칸, 다른 한 마리는 약혼녀가 탈 것이었다. 얼마를 갔을까, 무수히 많은 산을 넘고 수없이 강을 건넜다. 마침내 아가씨가 사는 마을에 도착했다.

이 먼 나라에는 많은 사람들이 가축을 기르며 살고 있었다. 많은 집들이 있었다. 열두 명의 청년과 마을 맨 끝의 유르타에 들어간 카라티칸은 그들 중 한 명과 함께 아가씨의 집으로 향했다. 마을 중앙에 빨간색 큰 천막이 있는데 바로 그곳이 지혜로운 아가씨의 집이었다. 칸은 금, 은, 진주로 만든 선물을 들고 아가씨가 사는 큰 천막으로 갔다.

"여보세요, 안녕하세요, 너무나 지혜로운 아가씨, 당신께 금, 은, 진주로 만든 선물들을 가지고 왔답니다."

"오, 카라티칸님, 당신의 선물이 너무 귀중하다는 것은 말할 필요도 없답니다. 그런데 물질과 지혜 중 무엇이 더 귀중할까요? 제게 당신의 재산은 필요하지 않답니다. 제게 필요한 것은 오로지 하나, 당신의 지혜랍니다. 제가 당신께 수수께끼를 드렸지요. 풀 수 있다면 당신의 아내가 될 것이고 그렇지 않다면 당신은 제 남편이 될 자격도, 물론 칸이 될 자격도 없답니다. 이 종이를 드리겠어요. 여기에 서명을 하세요."

"세상에, 아가씨! 도대체 왜 이러시나요? 정말로 꼭 이래야만 합니까?"

"다른 방법이 없습니다. 저는 저보다 더 현명한 사람의 아내가 되기를 원합니다. 저와 결혼하길 원하신다면 제가 낸 수수께끼를 푸시고 원하지 않으신다면 돌아가시면 됩니다."

어쩔 도리가 없었다. 카라티칸은 종이에 자신의 이름을 썼다.

아가씨는 다음과 같은 수수께끼를 내었다.

"내일까지 제 왼발에 맞는 구두를 지어 오세요. 거기에는 솔기 자국도 못 자국도 없어야 합니다. 그리고 달빛처럼 반짝여야 합니다. 오른발에 맞는 신발은 제가 직접 만들겠습니다."

어떻게 해야 하나? 카라티칸은 고개를 떨어뜨리고 눈물을 흘리면서 청년들에게 돌아왔다.

아스탐이 물었다.

"위대한 칸이시여, 무슨 일입니까? 커다란 포플러 나무가 당신을 덮쳤습니까? 아니면 엄청난 천둥이 당신을 위협하고 있습니까?"

카라티칸은 자신의 불행을 말했다.

"위대한 칸이시여, 괜찮습니다. 전혀 불행이 아닙니다. 이건 불행도 아닙니다. 불행은 앞으로 다가올 겁니다. 이제 곧 밤입니다. 누워서 주무십시오. 아침 녘이면 모든 준비가 끝나 있을 것입니다."

카라티칸은 평온을 되찾은 뒤 잠이 들었다. 아스탐은 마법 모자를 쓰고 서둘러 아가씨의 유르타로 갔다. 아가씨가 어디에선가 아주 좋은 가죽을 가지고 온 뒤 가방에 넣는 것이 보였다.

아가씨가 나갔다. 아스탐은 아가씨의 뒤를 따라갔다. 얼마 동안 갔는지 모르겠지만 여하튼, 어떤 유르타 안으로 들어갔는데 백발의 노인이 재봉틀 앞에 앉아 있었다. 아가씨는 노인에게 부탁을 했다. 아침까지 오른발에 맞는 구두를 만들어 달라며 못 자국도 바늘 자국도 전혀 없어야 한다고 부탁했다.

노인은 부탁을 받자마자 일을 하기 시작했다. 우리의 아스탐은 노인이 일하는 것을 자세히 보면서 왼발에 맞는 구두를 만들었다. 아침 무렵 노인은 구두를 다 만들었다. 아스탐도 마찬가지였다. 아가씨는 구두를 가지러 와서 노인과 계산을 마친 뒤 집으로 갔다. 아스탐은 칸을 깨우기 시작했다.

"위대한 칸이시여, 일어나세요. 구두가 이미 준비되었어요."

칸은 벌떡 일어나 뛰어나와 구두를 비단 보자기에 싸기 시작했다. 아스탐에게는 눈길도 주지 않은 채 서둘러 아가씨에게 갔다. 그녀는 카라티칸을 상냥하게 맞아 주었다.

"그래, 위대한 칸이시여, 어떻게 되었나요? 구두는 준비가 되었나요?"

"물론 준비가 되었지요. 당신의 것과 조금도 틀림없게 구두를 만들었답니다."

"위대한 칸이시여, 정말 대단하십니다. 당신은 대단한 지혜를 가지고 있군요. 그런데 당신이 직접 만들었나요? 아니에요. 굳이 말씀해 주시지 않아도 차차 알게 되겠지요."

"예, 이제 만족하십니까? 이제는 우리가 결혼을 해도 되겠죠?"

"아닙니다, 서두르지 마세요. 결혼은 천천히 하도록 합시다. 이 구두에 어울리는 옷이 필요합니다. 그러니 내일 아침까지 제 옷을 만들어 오세요. 옷에는 바늘 자국도 실도 있어서는 안 됩니다. 그리고 그 옷에는 이 세상에 있는 모든 식물이 그려져 있어야만 합니다. 그 옷은 태양처럼 빛나고 달처럼 반짝여야 합니다. 아침까지 저도 그런 옷을 준비하겠습니다. 내일 아침 당신의 옷과 제 옷을 비교해 보겠습니다. 조금이라도 틀린 부분이 있으면 제 남편이 될 수 없고 칸도 될 수 없을 겁니다."

다시 또 카라티칸은 고개를 푹 떨어뜨린 채 슬피 울면서 청년들에게 되돌아왔다. 아스탐이 그에게 물었다.

"위대한 칸님, 무슨 일입니까? 왜 그렇게 하릴없이 고개를 숙이고 계십니까? 엄청난 천둥이 당신에게 몰아쳐 오고 있습니까? 아니면 거대한 포플러 나무가 당신에게 쓰러지려고 합니까? 어떤 슬픔과 불행이 닥쳐 온 겁니까?"

"엄청난 천둥이 나에게 몰아쳐 오고 거대한 포플러 나무가 나에게 쓰러지려고 하는 것 같네."

카라티칸은 아스탐에게 지혜로운 아가씨가 내준 수수께끼를 말했다.

"위대한 칸이시여, 슬퍼하지 마세요. 이건 불행도 아니에요, 불행은 앞으로 다가올 겁니다. 누워서 편안히 주무세요. 아침이 되려면 아직 멀었어요. 아침 무렵이면 모든 게 다 끝나 있을 겁니다. 어제 카라티칸님은 제게 눈길 한번 안 주셨지요. 저는 슬펐지만 그래도 도와드릴게요."

칸은 그 말을 듣고 기뻐했으며 마음의 안정을 되찾아 누워서 잠이 들었다.

모두 잠이 들자마자 아스탐은 가방에서 마법 모자를 꺼내 썼다. 그러자 아무에게도 보이지 않았다. 아스탐은 유르타에서 나와 아가씨에게 갔다. 아가씨는 알록달록한 비단을 들고는 나갈 채비를 하고 있었다. 아스탐이 그녀 옆으로 걸어갔지만 그녀는 눈치채지 못했다. 어떤 유르타에 다다르자 안으로 들어갔다. 그곳에서는 백발의 할머니가 탁자 뒤에 앉아 천을 잘라 꿰매고 있었다.

아가씨는 할머니에게 부탁을 했다. 할머니는 기꺼이 그 일을 하겠다고 약속했다. 할머니와 아가씨는 함께 한밤중까지 일을 했다. 두 사람은 이야기 속에도 전혀 등장한 적이 없고 그 누구도 그려 본 적 없는 그런 옷을 만들었다.

이 세상에 있는 모든 초목을 비롯해 온갖 식물들이 옷에서 자라고 있는 것만 같았다. 형형색색의 꽃이 피어 있는 것만 같았다. 새는 살아 있는 것처럼 날개를 활짝 펴고 있었다. 태양을 닮은 무언가가 빛나고 있었고 달을 닮은 무언가가 옷을 반짝거리게 만들었다. 할머니와 아가씨는 옷을 탁자에 올려놓은 뒤 쉬려고 누웠다. 아스탐은 조용히 살금살금 다가가서 옷을 집어 들어 가방에 넣고는 나왔다. 할머니와 아가씨는 옷이 없어진 것을 알고 찾기 시작했지만 옷은 흔적도 없이 사라지고 말았다. 다시 옷을 만들기 시작했다.

우리의 아스탐은 숙소로 돌아와서 탁자에 옷을 놓아둔 채 잠을 자기 위해 누웠다. 아침에 일어난 카라티칸은 자신의 눈을 믿을 수가 없었다. 옷이 태양처럼 빛나고 달처럼 반짝이고 있었다. 이 땅에 사는 모든 식물들이 옷에 그려져 있었다. 지난번보다 훨씬 더 기뻐했다. 이번에도 카라티칸은 아스탐은 아예 쳐다보지도 않았다. 그는 옷을 집어 들고는 비단 보자기에 싸서 아가씨에게로 바삐 걸어갔다.

"아가씨, 안녕하세요!"

"위대한 칸, 안녕하세요. 제가 낸 수수께끼를 풀었나요? 옷을 만들었나요?"

"물론이죠. 물론이고말고요. 만들어 왔습니다."

자신만만하게 옷을 꺼냈다. 두 옷은 너무 똑같아 판으로 찍어 낸 것 같았다. 게다가 이 세상 누구도 본 적이 없는 아주 멋진 옷이었다.

"자, 내 사랑, 이제는 만족하나요? 이제는 결혼을 해도 되지 않을까요?"

"오, 위대한 칸, 서두르지 마세요. 아직 남아 있답니다. 제가 드리는 세 번째 수수께끼를 풀고 나서 생각합시다. 그런데 제가 드린 두 개의 수수께끼는 당신의 지혜와 노력으로 푼 것이 아니라 다른 사람이 한 것이 분명합니다. 제가 드리는 세 번째 수수께끼는 다음과 같습니다. 황금 머리카락을 세 올 가져오세요. 황금 턱수염에서 황금 털을 세 오라기 가져오세요. 그러면 저는 당신의 아내가 될 것이고 그렇지 않으면 당신은 더 이상 이 나라의 칸도 될 수 없을 겁니다."

카라티칸은 다시 고개를 떨어뜨리고 슬픔에 겨워 흐느끼면서 청년들에게 돌아왔다. 아스탐이 다시 물었다.

"위대한 칸님, 무엇 때문에 그리 슬퍼하십니까?"

"어떻게 내가 슬퍼하지 않을 수 있겠나? 아가씨가 내게 정말로 어려운 과제를 주었구나."

그는 아스탐에게 아가씨가 준 수수께끼에 대해 말했다.

"위대한 칸님, 괜찮아요. 제가 수수께끼를 풀어도 당신은 제게 눈길 한번 주지 않았지요. 하지만 저는 칸에 대한 존경심으로 당신을 도와주겠어요. 그래도 저는 슬프지 않답니다. 걱정은 불행이 당신을 기다리고 있다는 거죠."

수수께끼를 풀어 주겠다는 아스탐의 말을 들은 칸은 마음의 평온을 되찾으면서 기뻐했다.

적당한 때를 찾아 마법 모자를 쓰고 아가씨에게 갔다. 가만히 보니 아가씨가 여러 가지 술과 음식을 들고 어디론가 갈 채비를 하고 있었다. 하얀 비단 식탁보와 돗자리도 쌌다. 밖으로 나가 회색이 도는 백마에 안장을 얹고 준비한 모든 물건을 실었다. 말 위에 뛰어올라서 박쥐처럼 안장에 매달렸다. 아스탐은 말의 등 뒤에 올라탔지만 아가씨는 그를 알아보지 못했다. 한참을 달려갔다. 호수에 이르러 푸른 풀밭이 나오자 멈추어 섰다. 말 등에서 뛰어내렸다. 아가씨는 식탁보와 돗자리를 풀밭에 깔았다. 여러 가지 술과 음식들을 식탁보에 차린 뒤 소리치기 시작했다.

"사랑하는 물 할아버지, 손녀딸이 많은 음식을 가지고 왔어요. 나오세요. 제가 가지고 온 음식을 드세요!"

잠시 뒤 호수가 출렁이면서 길이 열렸다. 물 밑에서 황금 머리카락에 황금 턱수염의 할아버지가 나왔다.

"오, 이런, 사랑스러운 내 아가 안녕! 오랫동안 너를 기다렸다. 이제는 기다리다 지쳤구나. 네가 더 이상 안 올 거라고 생각했다. 왜 이렇게 오랫동안 오지 않았니? 나를 잊어버린 거니?"

아가씨는 머리를 아래로 숙이고 인사를 하면서 할아버지에게 달려들어 껴안았다.

마주 보고 앉아서 음식을 먹기 시작했다. 할아버지는 여러 가지 술을 실컷 마셨고 맛있는 음식을 남김없이 먹었다. 술에 취한 할아버지는 쉬려고 돗자리에 누웠다.

"할아버지, 머리를 다듬어 드릴게요."

아가씨가 머리카락을 만지작거리기 시작했다. 눈치채지 못하게 황금 머리카락 세 올을 뽑았다. 그다음 턱수염을 만지면서 턱수염에서 털 세 올을 뽑았다. 머리카락과 털을 황금 보자기에 싸 두었다. 아스탐도 보이지 않게 다가가서 똑같이 머리카락과 털을 한 움큼 뽑았다.

할아버지가 소리쳤다.

"아이구, 얘야, 뭐 하는 거니? 너무 아프구나, 조심하렴!"

아가씨는 주위를 둘러보았지만 아무도 없었다. 기분이 나빠진 할아버지는 벌떡 일어나서 물속으로 뛰어 들어갔고 곧 시야에서 사라졌다.

아가씨는 이곳에 누군가 있고 그의 소행이 분명하다고 생각했다. 바보 같은 칸 곁에 이렇게 지혜로운 사람이 있을 수가 없는데!

아가씨는 말 위에 올라앉은 뒤 힘차게 달려갔다. 아스탐도 뒤에 처지지 않았다. 동료들에게 되돌아오니 모두 자고 있었다. 황금 머리카락과 수염을 탁자에 두고는 누워서 잠이 들었다.

아침에 카라티칸은 탁자에 황금 머리카락과 수염이 한 움큼 놓여 있는 것을 보았다. 위대한 칸은 무척 기뻐했지만 아스탐에게는 눈길도 주지 않았다. 머리카락과 수염을 가지고 아가씨에게로 서둘러 달려갔다.

"안녕하세요, 아가씨! 이제는 제 아내가 되셔야 합니다."

"안녕하세요, 위대한 칸님, 먼저 제 수수께끼를 풀고 나서 그렇게 말을 하세요."

이렇게 말을 한 뒤 아가씨는 황금 머리카락을 탁자에 내려놓았다. 카라티칸은 아스탐이 구해 온 것들을 그 옆에 나란히 놓았다. 아가씨는 탄성을 지르면서 말했다.

"이 머리카락은 당신이 구해 온 것이 아니에요, 다른 사람이 구해 온 것이 분명해요. 당신은 그렇게 지혜로운 사람이 아니에요. 분명 다른 사람의 지혜일 거예요. 그렇지만 그 다른 사람은 당신의 손아귀에 있는 게 분명해 보이네요. 이제 당신이 데리고 온 열두 명의 청년을 이리로 데리고 오세요. 제가 그들을 살펴본 뒤 결혼을 결정하겠어요."

청년들에게 온 카라티칸이 말했다.

"오, 나의 충직한 부하들아, 내 약혼녀가 너희를 보고 싶어 하는구나. 빨리 같이 가자."

가는 도중 아스탐이 동료들에게 귀엣말을 했다.

"이봐 친구들, 우리는 일심동체나 마찬가지고 모두 착하고 지혜롭지. 오늘 우리는 아가씨 집에서 자게 될 거야. 내가 하는 것과 똑같이 너희도 해야 해."

카라티칸이 맨 앞에 서고 열두 명의 젊은이가 그 뒤를 따르면서 큰 유르타로 들어갔다.

"자, 사랑하는 약혼녀, 충직한 제 부하들을 모두 데리고 왔소. 무엇을 원하십니까? 그들에게 원하시는 것을 말해 보십시오."

"위대한 칸님, 충분해요, 충분하답니다. 결혼은 조금 있다 생각합시다. 지금은 제가 당신의 부하들에게, 청년들에게 식사 대접을 할 수 있게 해 주세요."

아가씨는 모든 청년들을 식탁에 앉힌 뒤 가장 맛있는 음식과 가장 독한 술을 대접했다. 위대한 칸은 문 옆에 앉아서 침만 흘릴 뿐이었다. 그러고는 이렇게 생각했다.

'약혼녀 아가씨, 그만하시지, 이쯤에서 멈추시지. 네 나라에서는 네가 주인이지만 내 나라로 가면 내가 주인이야. 너는 바늘귀를 통해 세상을 보게 될 거야. 나는 네 밥을 개밥통에 담아 줄 거야.'

카라티칸은 그런 생각을 하면서 앉아 있었고 이를 알아챈 아가씨는 이렇게 생각했다.

'이 악당아, 너는 이루어질 수 없는 꿈을 꾸고 있는 거야. 어떻게 되는지 나중에 알게 될 거야.'

붉은 노을이 졌고 어두운 밤이 찾아왔다. 열두 명의 청년들에게 똑같은 털 이불을 깔아 주었고 털 베개를 머리 아래 놓아 주었다. 모두 약간 취한 바람에 눕자마자 금방 잠이 들었다. 아가씨는 아스탐의 윗옷을 침대에 꿰매 놓았다. 한밤중에 잠에서 깬 아스탐은 조용히 일어나서 다른 청년들의 윗옷도 침대에 꿰매었다.

아가씨가 말했다.

"아스탐, 내게로 와서 얼굴을 보여 줘요."

"제가 아스탐입니다!"

모두 얼굴과 키가 같았다. 모두 얼굴에 발그레 홍조를 띠고 있었다. 그들 중 누가 아스탐인지 도무지 알 수가 없었다.

아무것도 할 수가 없었다. 모두 다시 식탁에 앉힌 뒤 어제보다 더 맛있고 더 많은 음식을 대접했다. 정말 독한 술을 마시게 했다. 카라티칸은 여전히 침만 흘리면서 바라만 볼 뿐이었다. 드디어 카라티칸이 말했다.

"자, 내 사랑, 이제는 만족하지요? 내 나라로 가서 우리 둘이 결혼할 때가 되었군요. 내 청년들을 충분히 살펴보았지요?"

지혜로운 아가씨가 대답했다.

"아니 아직 충분히 살펴보지 못했어요. 조금 더 있어야 당신 나라로 갈 수 있을 것 같군요."

해가 저물었고 밤이 찾아왔다. 독한 술을 마셔서 만취한 청년들은 금방 잠이 들었다. 아가씨는 자지 않았다. 아스탐에게 다가가서 그의 머리카락을 잘랐다. 잠에서 깬 아스탐은 관자놀이 옆의 머리카락이 잘려 있는 것을 눈치챘다. 가위를 가지고 모든 친구들의 머리카락을 자기와 똑같이 자른 뒤 누워서 잠이 들었다.

아침에 아가씨가 말했다.

"자, 아스탐, 내게로 와, 너를 보고 싶어."

"제가 아스탐입니다."

"제가 아스탐입니다."

사방에서 소리가 울려 퍼졌다. 열두 명의 청년이 모두 아가씨에게로 다가왔다.

아가씨는 모든 청년의 머리카락이 똑같이 잘려 있는 것을 보았다. 아가씨는 당황해서 고개를 푹 숙였지만 아무것도 할 수가 없었다. 아가씨가 말했다.

"아이구. 카라티칸님, 당신의 청년들을 충분히 보았고 충분히 살펴보았습니다. 이제 당신의 나라로 떠납시다. 당신의 나라에서 당신이 얼마나 지혜로운지 직접 보겠소. 당신이 지혜로운 칸이라면 제 손을 잡게 될 것이고 그렇지 않다면 저는 다른 사람의 손을 잡게 될 겁니다."

아가씨는 울면서 고향 땅과 친지들과 작별했다.

얼마나 갔을까? 드디어 카라티칸의 나라에 도착했다.

"자, 내 사랑, 이제부터 우리는 부부가 되었소. 전 세계에서 가장 위대한 나라를 만들어 나갑시다."

"위대한 칸, 그렇게 하겠습니다. 부부가 되기 전에 먼저, 제 소원을 한 가지 들어주십시오. 물 90통을 담을 수 있는 큰 솥을 찾아오라 명령하십시오. 그리고 우유 90통을 끓이라고 명하십시오. 저는 평범한 사람이 아니라 위대한 칸에게 시집을 갈 것입니다. 결혼에 앞서 평범한 물이 아니라 끓는 우유로 몸을 씻고 싶습니다."

물 90통이 들어갈 큰 솥을 찾아서 우유를 끓이기 시작했다. 지혜로운 아가씨는 같이 씻자며 위대한 칸을 불렀다.

큰 솥에 다가간 칸은 증기가 기둥이 되어 하늘로 올라갈 만큼 우유가 아주 펄펄 끓고 있는 광경을 보았다.

아가씨가 말했다.

"그래 좋습니다. 이제 끓는 우유에 몸을 씻기로 합시다. 제가 먼저 씻지요, 그다음은 당신 차례입니다."

아가씨가 큰 솥의 가장자리로 뛰어 올라가서 끓는 우유의 증기로 얼굴을 씻은 뒤 반대쪽으로 뛰어내리면서 말했다.

"자, 저는 씻었습니다. 이제는 당신 차례입니다."

카라티칸이 큰 솥의 가장자리에 서서 얼굴을 씻기 시작할 때 아가씨는 다른 사람들이 눈치채지 못하게 그를 살짝 밀었다. 카라티칸은 소리 한번 질러 보지 못한 채 펄펄 끓는 우유 속으로 굴러떨어져 푹 익어 버렸다.

고함 소리가 들렸다. 큰 소동이 일었으며 사방에서 사람들이 모여들었다. 지혜로운 아가씨가 사람들에게 말했다.

"여보세요, 선량한 백성들, 저런 바보 같은 칸 아래서 사느라 얼마나 힘들었습니까?"

그러자 모인 백성들이 한목소리로 말하기 시작했다.

“그를 보내 버립시다. 개한테로. 개한테 던져 줍시다. 우리가 얼마나 많은 눈물을 흘렸습니까. 얼마나 슬픈 나날을 보냈습니까. 우리를 다스릴 사람을 직접 고릅시다.”

하늘의 태양은 더 선명하게 빛나기 시작했고 달은 더 밝게 반짝이기 시작했다. 땅의 초목은 봄처럼 푸른색이 되었고 꽃으로 뒤덮이기 시작했으며 나뭇잎들은 초록 옷을 입었다. 침묵하던 작은 새들이 노래하기 시작했다. 사방에 활기가 넘쳤다.

그때 우리의 아스탐과 세상에서 가장 지혜로운 아가씨가 만났다. 서로서로 미소를 보냈다. 둘은 사랑에 빠졌고 얼마 뒤 결혼을 했다. 나라에 평화가 찾아왔다. 둘은 동화 같은 세상에서 행복하게 살았다.

안치 아비시카와 카라 몰라트

아주 오래전 깊은 타이가 숲속에 안치 아비시카라는 늙은 사냥꾼이 늙은 아내와 단둘이서 작은 오두막집에 살고 있었다. 두 부부는 옷도 입지 않은 채 살고 있었다. 그들은 태어나서 내내 타이가에서만 살았기 때문에 사람을 단 한 번도 본 적이 없었다. 두 부부는 이 세상에 많은 사람들이 살고 있다는 사실을 전혀 몰랐다.

안치 아비시카는 검은 산의 기슭에서 사냥을 했다. 사냥용 덫을 40개 가지고 있었고 새를 잡을 때 쓰는 새덫도 40개 가지고 있었다. 그리고 30개의 그물을 가지고 하얀 호수에서 물고기를 잡았다. 그렇게 아내와 평온하게 살고 있었다.

어느 날 안치 아비시카는 새덫을 보러 갔다가 새덫이 모조리 망가진 것을 목격했다. 안치 아비시카는 아연실색했다.

'아니 평생토록 이 타이가에서 사냥을 했지만 이런 일은 한 번도 없었는데…. 이게 대체 어떻게 된 일이지….'

안치 아비시카는 그럭저럭 새덫을 고친 뒤 어망을 보러 하얀 호수로 갔다. 호숫가에 다가간 아비시카는 누군가가 어망을 모조리 물 밖으로 던져 놓는 바람에 어망이 망가진 것을 보았다.

안치 아비시카는 정말 이만저만 놀란 것이 아니었다.

'세상에 이런 일이!'

망가진 어망을 고쳐 다시 물속에 집어넣었다.

아무런 수확 없이 집으로 돌아온 안치 아비시카가 아내에게 말했다.

"이번에 엄청난 일을 겪었어요. 큰 재앙이 우리에게 다가왔어요. 평생 타이가에서 살았지만 이런 재앙은 한 번도 겪어 본 적이 없어요. 우리를 잡아먹으려고 들짐승이 나타난 거 같군요. 그것도 아니면 우리가 죽을 때가 되어서 우리에게 죽으라고 재촉하는 게 분명해요. 우리의 어망을 누군가 모조리 망가뜨렸어요…."

할머니는 슬피 울기 시작했다. 타이가에서 더 이상 살 수 없을 것만 같았다. 머지않아 굶어 죽을 것만 같았다. 잠시 후 두 노인은 함께 구슬피 눈물을 뚝뚝 흘리기 시작했다. 사흘 뒤, 안치 아비시카는 다시 어망을 보러 갔다. 하얀 호수 가까이 가 보니 이번에도 어김없이 누군가 어망을 모조리 망가뜨린 뒤 호숫가에 던져 놓았다. 안치 아비시카는 호숫가에 서서 울기 시작했다. 눈물이 가슴을 타고 흘러내리면서 땅 위로 뚝뚝 떨어졌다. 안치 아비시카는 생각했다.

'이제 할멈에게 뭐라고 말한단 말인가? 더 이상 먹을 것도 없는데. 이제 무엇으로 들짐승과 날짐승을 잡는단 말인가? 물고기는 또 어떻게 잡는단 말인가? 도대체 어떻게 하면 좋단 말인가…. 정말 슬프구나!'

할아버지는 작은 둔덕 위에 앉아 자신의 운명에 대해 생각하기 시작했다. 그때 갑자기 둔덕 아래에서 어떤 목소리가 나직이 들려왔다. 안치 아비시카는 정말 너무나 긴장했고 자신의 귀를 의심했다. 사람의 목소리라면 어디서 사람이 나타났단 말인가? 짐승이라 해도 지금껏 그런 목소리의 짐승을 본 적이 없었다….

총을 쏠 준비를 하고 둔덕에서 일어나 호숫가로 내려간 안치 아비시카는 그곳에서 벽난로 입구처럼 생긴 큰 굴을 발견했다. 잠시 후 굴 안에서 조금 전에 들었던 바로 그 목소리가 들려왔다. 안치 아비시카는 조심조심 굴 근처로 기어가서 살며시 안을 들여다보았지만 아무것도 보이지 않았다. 바로 그 순간, 귀에 선 목소리가 잦아들기 시작했다. 안치 아비시카는 이번에는 굴 뒤쪽으로 몰래 기어가서 굴 안을 들여다보기 시작했다. 다시 굴 안에서 목소리가 들려왔다.

안치 아비시카는 생각했다.

'이 사기꾼이 내 어망을 망가뜨린 것이 분명해! 지금 당장 너에게 앙갚음을 하고야 말겠어.'

안치 아비시카는 총을 굴 안으로 조준하면서 가까이 다

가갔다. 그리고 크게 소리쳤다.

"예끼, 사람이냐 짐승이냐, 이리 나와 봐라. 안 그러면 지금 당장 총을 쏘겠다…!"

다시 굴 안이 잠잠해졌다.

안치 아비시카는 더 크게 소리를 질렀다.

"다시 한번 말하겠다. 나와라. 안 그러면 지금 당장 총을 쏘겠다!"

그 순간 굴 안에서 털이 검고 덥수룩한 무언가가 아른거렸다. 어린 곰이 슬금슬금 기어 나오더니 갑자기 사람처럼 말을 하는 것이었다.

"안치 아비시카, 그만둬요, 그만둬요, 총은 쏘지 마세요. 왜 제게 총을 쏘려는 거예요! 나를 데리고 가서 아들로 삼으세요. 집안일을 도와드릴게요. 제법 당신에게 쓸모가 있을 거예요…."

놀란 안치 아비시카는 총을 내려놓으면서 말했다.

"나와 함께 가기를 원한다면 먼저 앞장서거라. 길은 내가 가르쳐 주지."

안치 아비시카가 어린 곰을 앞세우고 집 안으로 들어서자 할머니는 소스라치게 놀라 소리를 지르면서 어두운 구석으로 숨어 버렸다.

안치 아비시카가 말했다.

"할멈, 놀라지 마시오. 내가 이 녀석을 쏘려고 했는데 이 녀석이 우리 아들이 되겠다고 하지 뭐야. 우리 일을 도와주겠대. 늙은 우리에게 도움이 될 거라네…."

어린 곰은 곧 기분이 좋아져서 애교를 부리면서 말했다.

"어머니, 무서워하지 마세요. 곰 가죽을 입고는 있지만 저는 사람의 아들이에요. 내 아버지가 나를 저주해서 곰으로 만들어 버렸어요. 그래서 짐승 사이에서 살아야 하는 운명이 된 거죠. 나는 사람들과 함께 있는 것이 훨씬 즐거워요. 당신들은 아이가 없으니 나를 버리진 않겠지요. 시키는 일은 뭐든지 다 할게요…."

할아버지와 할머니는 그를 흔쾌히 아들로 삼았다. 밤이 되었다. 어린 곰은 강아지처럼 문턱 옆에서 잠이 들었다.

어린 곰은 아침에 거의 날이 밝아서야 잠에서 깨어났다. 혼자서 뭐라고 더듬더듬 중얼거린 뒤 안치 아비시카에게 말했다.

"아버지, 나가서 집 주위를 둘러보고 오세요. 나무껍질로 만든 검은 바구니를 보면 이리로 가지고 오세요."

안치 아비시카는 집 밖으로 나가서 주위를 둘러보다가 나무껍질로 만든 검은 바구니를 발견했다. 이곳에 이런 바구니가 있다니…. 이상한 일이군…. 어쨌든 안치 아비시카는 바구니를 집 안으로 가져갔다. 어린 곰이 안치 아비시카에게 말했다.

“지금부터 바구니 옆을 세 번 두드린 뒤 뚜껑을 열고 이렇게 말하세요.”

“네가 가진 음식을 모두 내놓아라.”

안치 아비시카는 아들이 시키는 대로 했다. 그 순간, 집 가운데 흰 식탁보가 넓게 깔리더니 그 위로 먹을 것들이 쏟아졌다. 안치 아비시카가 지금껏 살면서 한 번도 먹어 본 적이 없는 음식들이었다. 닭, 우유는 없었지만 술과 음식은 원하는 만큼 먹을 수 있었다.

어린 곰이 할아버지 할머니에게 말했다.

“어머니 아버지! 음식을 쳐다보기만 하고 왜 먹지 않으세요? 이제부터는 사냥을 하지 않으셔도 돼요. 그리고 하얀 호수에 어망을 던져 놓지 않으셔도 돼요. 먹고 싶은 만큼 얼마든지 드세요. 음식은 절대 떨어지지 않을 거예요. 평생 충분할 거예요….”

할아버지 할머니는 식탁 양쪽에 자리 잡고 앉았고 아들은 맞은편 입구에 앉았다. 오두막집 안에서 멋진 파티가 시작되었다.

셋이 아무리 먹어도 음식은 줄지 않았다. 할아버지 할머니가 아들이 된 곰에게 말했다.

“아들아, 오래오래 살아라. 네 덕분에 우리가 맛난 음식을 마음껏 먹어 보는구나. 곰의 가죽을 쓰고는 있지만 너는 영리하고 착한 아이가 틀림없구나. 너는 정말 마음씨가 좋은 아이로구나….”

할아버지 할머니는 밤이 될 때까지 기뻐하면서 즐거운 시간을 보냈다. 그래도 음식은 끊이지 않고 계속 나왔다. 할아버지 할머니는 그 자리에서 그대로 잠이 들었다. 아침에 잠에서 깨어나서 또다시 음식을 먹기 시작했다. 그리고 어김없이 밤이 될 때까지 먹고 마시면서 즐거운 시간을 보냈다.

곰이 아들로 들어온 지 셋째 날, 아침에 일어난 할아버지 할머니는 음식이 없는 것을 발견했다. 검은 광주리는 굳게 닫혀 있었다. 할아버지 할머니는 무척 불안했다.

어린 곰이 그들을 안심시켰다.

“어머니 아버지! 괜찮아요, 걱정 마세요, 먹고 싶다고 하면 광주리가 다시 열릴 거예요. 저는 어릴 때부터 형제처럼 지낸 동물과 새 친구들을 만나러 가야겠어요. 식사가 끝나면 광주리를 닫으세요. 제가 없을 때는 누구에게도 광주리를 보여 주거나 만지게 하면 절대 안 돼요. 광주리가 준 음식도 절대 주면 안 돼요. 3일 동안 집을 비울 거예요. 제 친아버지 집에도 다녀올게요.”

할아버지 할머니는 아들 곰을 배웅하고 있었는데 갑자기

눈앞에서 아들 곰이 소리도 없이 사라져 버렸다. 엄청난 속도로 뛰어갔다고 말을 하고 싶지만 할아버지 할머니는 발자국 소리를 듣지 못했다. 날아갔다고 말하고 싶지만 날갯짓 소리도 듣지 못했다. 땅으로 꺼진 것이 아닐까….

갑자기 이상한 소리가 나서 집 밖으로 나온 할아버지 할머니는 아름다운 말이 까마귀와 함께 오두막집을 향해 급하게 달려오고 있는 모습을 보았다. 말 위에는 낯선 남자가 앉아 있었다. 두 부부처럼 얼굴에는 주름이 가득했으며 머리는 백발이었다. 노인은 눈을 뜨지 못했으며 말안장에 겨우겨우 앉아서 손으로 말갈기를 꼭 쥔 채 흔들거리면서 오고 있었다. 노인의 옷에서는 부유한 티가 흘렀다. 얼굴은 근엄해 보였다. 말은 노인이 떨어질까 걱정하듯이 달리지 않고 천천히 걸어왔다. 말의 등은 전혀 흔들림이 없었다. 오두막집 근처에 다가온 노인은 멈추어 서서 눈을 가늘게 뜨면서 한숨을 깊이 내쉰 뒤 안치 아비시카에게 부탁했다.

"자, 이제는 목숨은 건질 수 있겠군. 완전히 죽을 뻔했네. 자네 집에서 쉴 수 있게 해 주게. 그리고 빨리 먹을 것 좀 주게. 배가 고파서 죽을 거 같군…."

안치 아비시카와 할머니는 말에서 내린 노인을 집 안으로 안내했다. 침대에 노인을 눕혔다. 노인은 그 자리에서 잠이 들었다. 잠시 뒤 잠에서 깬 노인은 음식을 부탁했다. 안치 아비시카가 그에게 말했다.

"나는 평생 사냥으로 먹고 살았소. 그런데 지금 내 상황이 변변치 못해서 당신에게 줄 음식이 전혀 없소."

노인은 눈물을 흘리면서 음식을 달라고 졸랐다. 노인의 처참한 신음 소리에 안치 아비시카는 마음이 무척 아팠다. 그는 할머니에게 눈짓했다. 할머니도 너무 마음이 아파 더 이상 버틸 재간이 없었다. 안치 아비시카는 컴컴한 방구석에 숨겨 둔 마법 광주리를 끌고 왔다. 그리고 낯선 노인 몰래 뚜껑을 열었다.

광주리에서 맛있는 음식이 쏟아져 나왔고 두 부부는 거의 울기 직전인 노인에게 주었다. 노인은 한나절 내내 음식을 먹었다. 물릴 정도로 충분히 먹은 뒤 곧 생기를 되찾았고 아주 기분이 좋아졌다. 안치 아비시카에게 물었다.

"이거 보게, 도대체 자네는 음식을 얼마나 많이 가지고 있는 건가?"

"깊고 어두운 숲속에서 겨우겨우 살고 있는 제게 무슨 음식이 있겠어요?"

"자네에 대해서는 익히 들었네. 나는 이 타이가의 주인인 차시칸이네. 사냥을 나왔다가 그만 길을 잃었네. 엿새 동안 길을 헤매는 바람에 거의 굶어 죽기 직전이 되었다네…."

이렇게 자신을 소개한 차시칸은 안치 아비시카에 대해

쉬지 않고 물었다.

"누가 맛있는 음식을 이렇게 많이 주었나?"

안치 아비시카는 노인에게 아무 대답도 하지 않은 채 잠자코 있었다. 차시칸은 더욱 집요하게 물어 댔고 결국 심하게 화를 내기 시작했다.

더 이상 참지 못한 안치 아비시카는 마법 광주리를 차시칸에게 보여 주었다.

"광주리에 손을 대면 절대 안 됩니다. 아들이 광주리를 제게 주면서 낯선 사람에게 이 광주리를 보여 주어도, 손으로 만지게 해서도 절대 안 된다고 했어요."

"그런데 자네 같은 늙은이한테 이런 광주리는 너무 과분하지 않나? 이게 이런 깊은 숲속에서 대체 무슨 필요가 있는가? 그것을 내게 주게."

"아들이 아무에게도 주지 말라고 했어요. 이 타이가의 주인이라 해도 절대 안 돼요. 절대 줄 수 없어요."

그 말을 들은 차시칸은 심하게 화가 났다. 얼른 자리에서 일어나 발을 쿵쿵거리면서 욕설을 퍼붓기 시작했다.

"좋은 말 할 때 이리 줘! 안 그러면 강제로 빼앗을 테야. 너와 할머니를 죽여 버리겠어…."

너무 놀란 안치 아비시카는 광주리를 손에서 놓쳐 버렸다. 그 순간 차시칸은 광주리를 얼른 움켜 쥔 뒤에 오두막집 밖으로 달려 나갔다. 두 부부는 뒤에서 세게 잡아당겼지만 차시칸은 두 부부를 거칠게 밀치면서 말 위로 뛰어올랐고 순식간에 타이가 속으로 사라졌다.

늙은 안치 아비시카와 그의 아내는 슬피 눈물을 흘렸으며 땅바닥에서 일어나지도 못한 채 하루 종일 슬픔에 잠겨 있었다.

타이가에서 돌아온 아들 곰이 물었다.

"아버지 어머니, 왜 그렇게 눈물을 쏟고 계세요?"

"어떤 부자 노인이 와서 배가 고프다길래 광주리에서 음식을 꺼내 주었지 뭐니…. 그랬더니 광주리를 보여 달라길래 보여 주었는데 빼앗아 갔단다…."

"부자들은 배가 부른데도 늘 탐욕스러워요. 항상 그렇다니까요. 차시칸을 가만두지 않겠어요. 따끔하게 혼내 주겠어요. 이제 울지 마세요. 차시칸은 결국 광주리를 가지고 이리로 올 거예요…."

아들 곰은 뭐라고 중얼중얼 주문을 외우면서 타이가에서 눈을 떼지 않았다. 그때 타이가에서 차시칸이 오두막집 쪽으로 힘없이 오고 있는 것이 보였다. 차시칸은 머리를 아래로 처박고 있었는데 머리를 들 힘도 없어 보였다. 그러고는 조용한 목소리로 용서를 구했다.

"절대 당신의 길로 다니지 않겠습니다. 길에서 당신을 만나는 일은 절대 없을 것입니다. 제발 목숨만은 살려 주세요."

안치 아비시카는 말안장에서 광주리를 가져오면서 말했다.

"나는 아들에 대해 당신에게 아무 말도 하지 않았소. 하지만 이제 당신은 내 아들이 얼마나 대단한지 알게 되었을 것이오."

아들 곰이 차시칸에게 말했다.

"어디에서 여기로 왔는지 모르지만 원래 있던 곳으로 되돌아가라! 불쌍한 사냥꾼들을 괴롭히지 말거라. 배고픈 사람들에게서 아무것도 빼앗지 말아라. 그러지 않으면 네게 불행이 닥칠 거다."

차시칸은 이를 꾹 깨물고는 한 마디도 하지 않았다. 말을 되돌려 세운 뒤 저 멀리로 달아났다.

안치 아비시카와 할머니는 기뻐하면서 아들 곰에게 거듭거듭 감사하다는 말을 했다. 그 후 평온하고 행복한 일상이 이어졌다.

안치는 사냥을 다니지 않았고 할머니는 부엌일을 전혀 하지 않았다. 좋은 음식이 항상 손에 들려 있었고 마법 광주리는 늘 열린 상태였다.

아들 곰은 자라면서 더욱 힘이 세졌다. 어느 날 그가 두 부부에게 말했다.

"이대로 살자니 제 삶이 너무 답답하고 적적해요. 결혼을 해야겠어요."

할아버지 할머니가 대답했다.

"아들아, 그래, 그래, 결혼할 때가 되었다면 빨리 결혼을 하는 게 좋지 않겠니? 노인인 우리도 며느리랑 사는 것이 더 즐거울 것 같구나. 아내는 네가 직접 고르렴. 젊은 너의 판단력이 늙은 우리보다 나을 것 같구나."

아들 곰이 그들에게 말했다.

"여기에서 멀리 떨어진 검은강 입구에 카라칸이 살고 있어요. 카라칸에게는 카라 토르구라는 딸이 있어요. 그녀와 결혼하고 싶어요."

"아들아, 네 맘대로 하려무나. 그런데 그 아이가 네게, 가난한 안치 아비시카의 아들에게로 시집을 오겠니?"

"그건 걱정하지 마세요!"

다음 날 아침, 안치 아비시카와 아들은 마법 광주리를 들고 길을 떠났다. 얼마나 걸었을까? 드디어 검은강 입구에 다다랐다. 강기슭에 황금 문의 하얀 궁전이 보였다. 황금 문 옆에 다가가니 문지기가 그들을 세웠다.

"어디로, 왜 가는 겁니까?"

안치 아비시카가 대답했다.

"카라칸이 집에 있다면 만나고 싶네."

그들 앞에 서 있던 황금 문의 문지기는 문을 열어 주면서 길을 가르쳐 주었다. 안치 아비시카와 아들 곰은 궁전으로 들어갔다. 카라칸은 황금 식탁 뒤에 앉아서 잔뜩 화가 난 목소리로 물었다.

"안치 아비시카, 무엇이 필요한가? 대체 왜 왔는가?"

"당신의 딸 카라 토르구에 대한 소문을 들었소. 그 아이와 내 아들을 결혼시키고 싶소."

카라칸이 한 마디도 하지 못하는 동안 안치 아비시카는 이미 수천의 말을 내뱉었다. 너무 화가 난 나머지 카라칸은 입을 열 수도 없었다. 그사이 늙은 안치 아비시카는 마법 광주리를 두드리며 말했다.

"자, 사랑스러운 검은 광주리야, 카라칸이 이제껏 본 적 없는 세상에서 가장 맛있는 음식들을 차려라."

안치 아비시카는 광주리를 열었다. 카라칸의 식탁에는 카라칸이 지금껏 본 적이 없는 신기한 음식들이 화려하게 차려졌다. 닭, 우유만이 빠져 있었다. 사는 동안 그 누구도 두려워한 적이 없고 그 무엇에도 놀란 적 없는 카라칸은 엄청 놀란 나머지 벌어진 입을 다물지 못했다.

'대체 가난한 안치 아비시카에게 어디서 이런 돈이 생겼단 말인가? 안치 아비시카가 나쁜 짓을 한 것은 아닐까?'

식탁에 차려진 화려한 음식을 보면서 카라칸은 침을 줄줄 흘렸다. 카라칸은 더 이상 참지 못하고 음식을 먹기 시작했다. 맛있는 음식을 먹은 카라칸은 힘이 빠졌고 독한 술에 취하기 시작했다. 누구의 말도 들어준 적이 없는 카라칸이 딸을 아들 곰에게 시집보내겠다고 약속했다. 카라칸은 3일 동안 손님과 즐기면서 파티를 열었다.

카라 토르구와 단둘이 남겨졌을 때 아들 곰이 물었다.

"카라 토르구, 말해 봐요. 당신은 이 세상에 대해 무엇을 알고 있나요?"

"글쎄요, 저는 왕의 딸이라… 저는 저와 제 아버지 카라칸에 대해 알고 있어요…."

"카라 토르구, 당신이 할 수 있는 일이 뭐죠?"

"저는 일을 할 필요가 없어요. 제가 왜 일을 해야 하죠? 아버지에게는 하인이 많아요. 그들이 저를 위해 모든 일을 한답니다. 게다가 아버지 카라칸은 부자랍니다. 그래서 제게 필요한 모든 것을 구해 주죠…."

"아는 것이 아무것도 없고 혼자 할 수 있는 일이 전혀 없어서 모든 것을 아버지에게 기대고 있다면 아버지와 둘이 사세요. 전 그런 부인은 필요 없답니다."

결혼을 거절한 사실을 알게 된 카라칸은 격노했고 안치 아비시카와 아들 곰을 내쫓으라고 명령했다.

집으로 돌아온 뒤, 아들 곰이 아버지에게 말했다.

"아버지, 괜찮아요. 결혼이 성사되지 않았다고 상심하지 마세요. 부유하고 고귀한 아내는 필요 없어요. 저는 현명하고 성실한 아내를 원해요."

"네 일이란다. 같이 사는 것은 너니까 네가 직접 고르도록 해라."

어느 날 아들 곰이 아버지에게 말했다.

"여기서 멀리 떨어진 곳에 노란 호수가 있어요. 호숫가에 사리그칸이 살고 있는데 그에게는 사리그 토르구라는 딸이 있어요. 그녀와 결혼하고 싶어요. 이번에는 저 혼자 갈게요…."

"아들아! 미안하다. 우리는 네게 도움이 되지 않는구나. 무엇을 해야 하는지 네가 우리보다 더 잘 알고 있으니 말이다."

아들 곰은 마법 광주리를 직접 들고 길을 떠났다.

인색하고 탐욕스러운 사리그칸은 잔뜩 화가 나서 아들 곰을 맞이했다. 개들에게 그를 물어 버리라고 할 작정이었다. 가족들을 데리고 문 뒤로 숨은 뒤 아들 곰에게 욕설을 퍼부었다. 그 순간 사리그칸은 사람의 목소리를 들었고 엄청난 양의 음식이 마법 광주리에서 나오는 것을 보았다. 기분이 들뜬 사리그칸은 문을 열고 아들 곰을 집 안으로 들어오게 했다. 탐욕스럽게 음식에 달려들어 절반이나 되는 음식을 급하게 먹어 치웠다. 나머지 절반은 딸아이에게만 보여 준 뒤 나중에 먹으려고 숨겨 두었다.

아들 곰이 사리그 토르구에게 물었다.

“사리그 토르구, 말해 봐요. 이 세상에 대해 무엇을 알고 있나요?”

사리그 토르구는 무관심하게 대답했다.

“아직 어린 제가 많은 것을 알 필요가 있나요. 시집을 갈 거예요. 남편에게 이 세상에 대해 알아 두라고 할 거예요….”

“사리그 토르구, 그럼 할 줄 아는 게 뭐예요?”

“부모님이 제게 필요한 것을 다 해 주고 있어요. 결혼을 한 뒤에는 남편에게 제게 필요한 것을 다 해 달라고 할 거예요.”

“됐습니다. 제게 그런 아내는 필요 없답니다. 그런 아내는 저와 어울리지 않아요.”

사리그칸의 집을 나와서 슬픔에 젖어 부모님에게 돌아갔다.

어느 날 아들 곰이 부모님에게 말했다.

“아내를 구하겠다고 우리 집에서 멀리 떨어진 곳의 부유하고 유명한 사람들을 찾아다닐 필요가 있을까요? 우리 집에서 멀리 않은 하얀 호수의 언저리에 아칸이란 노인이 살고 있는데 그에게는 아크 토르구라는 딸이 있어요. 아버지, 거기로 가서 그 아가씨에게 청혼을 해야겠어요."

마법 광주리를 들고 안치 아비시카와 아들 곰은 하얀 호수의 기슭으로 향했다. 그리고 아칸의 집으로 들어갔다. 노인 아칸은 친절하게 손님들을 맞아 주었고 동등하게 오랫동안 이야기를 나누었다. 아크 토르구는 손님들에게 예의 바르게 인사를 했다. 아들 곰이 그녀에게 물었다.

"어여쁜 아크 토르구, 말해 봐요. 할 줄 아는 게 뭐죠?"

아크 토르구가 겸손하게 대답했다.

"제가 아직 아는 건 없지만 좋은 분들이 제게 깨우침을 주실 거예요. 제가 아직 직접 할 줄 아는 건 없지만 좋은 분들이 제가 무언가를 할 수 있게 도와줄 거예요."

아들 곰은 아크 토르구의 대답이 마음에 들었다. 순간 아들 곰은 아크 토르구를 좋아하게 되었다. 늙은 아칸은 고집을 피우지 않았고 딸의 결혼을 승낙했다. 그 자리에서 안치 아비시카가 마법의 광주리를 열자 엄청나게 많은 음식이 쏟아졌다. 이들은 3일 동안 잔치를 벌였고 3일 동안 아크 토르구는 아들 곰과 숲을 산책했다.

고향을 사랑하는 사람은 고향을 그리워하게 되어 있다. 나흘째 되는 날 안치 아비시카는 아칸과 작별을 고한 뒤 집으로 향했다. 아들 곰과 아내 아크 토르구는 그의 뒤를 따랐다.

집에 돌아온 할아버지와 아들 곰은 할머니와 함께 결혼을 축하하기 위한 잔치를 열었고 9일 동안 넷이서 맛있는 음식을 먹으면서 한없이 즐거워했다. 열흘째 되는 날, 어린 곰이 말했다.

"사랑하는 아버지 어머니, 멋진 아내 아크 토르구, 이제 곰 가죽을 벗을 때가 되었어요. 이제부터 저는 사람의 모습으로, 카라 몰라트라는 제 이름을 가지고 살게 될 거예요. 훌륭한 부모님과 멋진 아내도 찾았잖아요."

이 말과 함께 아들 곰은 타이가로 달려갔고 곧 멋진 미남 무사가 되어 되돌아왔다.

안치 아비시카와 할머니가 얼마나 기뻐했는지는 굳이 말할 필요가 없다. 멋진 아들을 바라보면서 행복에 겨워 눈물을 흘렸다. 젊은 아크 토르구는 무사 남편을 넋을 잃고 바라보았다.

카라 몰라트는 곧 집을 짓기 시작했다. 금방 웅장하고 깨끗한 집을 지었다. 아홉 개 문과 아홉 개 창문이 달린 밝은 집이었다. 카라 몰라트는 집의 절반은 아버지 안치 아비시카와 할머니에게 주었고 다른 절반에서 아내인 아름다운 아크 토르구와 같이 살기 시작했다. 그들은 행복하게 살았다.

그들이 지금까지 살고 있어서 그들을 바라보면서 즐거워할 수 있다면 얼마나 좋을까…!

사냥꾼 바뉴샤

아주 오래전 깊은 타이가에 천애 고아인 사냥꾼 바뉴샤가 살았다. 부모가 남겨 준 것은 사냥총이 유일했다. 그는 혼자 살았으며 모두에게 잊혀 갔다. 매일 사냥을 다녔다. 통통하고 기름진 순록과 산양 그리고 털이 새까맣게 빛나는 흑담비 사냥을 했다. 사냥한 동물들은 싼 값에 장사꾼에게 팔았다. 필요한 것 이상은 사냥하지 않았다. 어느 날 큰 사냥물을 끌고 피곤에 지친 몸으로 겨우겨우 집에 온 바뉴샤는 저녁을 먹은 뒤 나무 침대에 누워 죽은 듯이 깊은 잠에 빠져들었다.

밤새 푹 자고 상쾌한 기분으로 아침에 일어나서 세수를 하고 식사를 한 뒤 총과 배낭을 들고 사냥 갈 채비를 했다. 그런데 이게 무슨 일인가? 문을 열려고 했지만 도저히 열 수가 없었다.

"이게 무슨 일이지? 누가 문을 이렇게 단단히 잠가 놓았지?"

더 세게 문을 밀면서 열어 보았다. 문이 조금 열렸는데 가만 보니 뱀 같이 생긴 괴물이 누워 있었다. 괴물을 본 바뉴샤는 이만저만 놀란 게 아니었다. 이렇게 놀란 것은 태어나서 처음이었다. 물에서 자라는 버드나무처럼 온몸을 바들바들 떨었다. 그러자 거대한 흰 뱀이 쉭쉭 뱀의 소리를 내더니 잠시 후 사람처럼 말을 하기 시작했다.

"이봐, 유명한 사냥꾼 바뉴샤! 무서워하지 마. 해치지 않을 거야. 너에게 부탁을 하러 왔어. 빨리 이리 나와 봐. 할 이야기가 있어."

그 말을 들은 바뉴샤는 두려움을 떨쳐 버린 뒤 용기를 내서 뱀에게 다가갔다.

"안녕, 안녕, 거대한 흰 뱀. 내가 무얼 도와주면 되지?"

흰 뱀이 심각하게 말했다.

"이봐, 바뉴샤! 너는 유명한 사냥꾼이야. 제발 우리를 도와줘! 나를 도와주면 네게 큰 선물을 줄게. 지금 내 등에 올라타. 함께 갈 곳이 있어. 그곳에 가면 무슨 일인지 알게 될 거야."

바뉴샤가 무엇을 할 수 있겠는가! 어떻게 괴물 뱀의 말을 거역하겠는가! 바뉴샤는 뱀의 등에 올라탔다.

"자, 바뉴샤! 눈을 감아. 내가 말하기 전까지 절대 눈을 뜨면 안 돼!"

바뉴샤가 눈을 미처 감기도 전에 뱀은 그 자리를 떴다. 바뉴샤의 귓가에서는 우르릉 쾅쾅 천둥이 치는 듯한 소리가 들렸다. 어찌나 빨리 날아가는지 바뉴샤는 화살을 타고 날

아가는 것 같았다. 얼마나 빠른지 쿵쿵, 탁탁 하는 뱀의 발소리도, 근처를 날아가는 새의 날갯짓 소리도 들리지 않았다. 얼마나 날아갔을까? 드디어 뱀이 땅에 박힌 듯 꼿꼿이 멈추었다.

"자, 바뉴샤! 눈을 뜨고 주위를 잘 살펴봐."

바뉴샤는 눈을 뜨고 호기심 어린 눈으로 주위를 살펴보았다. 자기가 있는 곳이 어디인지 도무지 알 수가 없었다. 주위는 광활한 초원이었다. 그때 거대한 뱀이 쉭쉭 뱀의 소리를 내더니 사람처럼 말을 하기 시작했다.

"자, 바뉴샤! 빽빽한 관목 숲 뒤로 숨어서 총을 손에 들고 있어. 곧 이곳에서 우리와 12미터가 넘는 검은 뱀 사이에 사투가 시작될 거야. 희망은 없지만 전투에서 내가 그 뱀을 이겨야 돼. 그런데 검은 뱀이 이길 것 같으면 네가 검은 뱀의 머리에 한 치의 오차도 없이 정확하게 사격을 해 줬으면 해. 단 내가 총소리를 들어서는 안 돼. 실패하면 총알이 멀리로 날아갈 것이고 총알을 찾는 것은 불가능해질 거야. 이 무시무시한 전투에서 내가 이기면 네게 큰 선물을 줄게."

바뉴샤가 숨자마자 땅이 떨리고 하늘이 울리면서 12미터 길이의 검은 뱀이 화살처럼 날아왔다. 두 마리 괴물 뱀은 쉭쉭 뱀의 소리를 내면서 기괴한 입을 벌리고 사투를 시작했다. 단단한 땅이 갈라지고 나무가 흔들렸다. 땅이 쪼개졌고 다리 밑에서는 불꽃이 날아다녔으며 입에서는 불길이 치솟았다. 3일 밤낮을 쉬지 않고 싸웠다. 3일이 지났다. 검은 뱀이 우리의 흰 뱀을 땅에 눕힌 뒤 깨물고 때리기 시작했다.

바뉴샤는 친구 뱀에게 도움을 주기 위해 숨 죽인 채 검은 뱀의 머리를 조준했다. 방아쇠를 당긴 뒤 총을 내려놓았다. 총소리가 울려 퍼졌다. 이 소리는 파도처럼 메아리가 되어 타이가 전체에 퍼져 나갔다. 검은 뱀은 검은 피를 흘리면서 검은 땅에 몸을 쭉 뻗은 채 죽어 버렸다. 두 괴물 뱀이 싸운 곳에서는 검은 흙이 붉게 타올랐다. 이후 40년 동안 그곳에서는 풀조차 움직이지 않았다.

전투를 하느라 기진맥진한 흰 뱀은 머리를 들어 쉭쉭 뱀처럼 소리를 내더니 다시 사람처럼 말을 했다.

"네가 전투를 끝내 주었어. 죽을 위기에 처한 나를 살려 주었어. 너는 나의 생명의 은인이야. 네 사격은 기가 막히게 정확했어. 이제 우리 집으로 가자. 내 등 위에 앉아."

바뉴샤는 조금도 꾸물거림 없이 즉시 뱀의 등에 올라타서 눈을 감았다. 어디로 이렇게 질주를 하는 것일까? 바뉴샤는 알지 못했다. 얼마나 빠른지 뱀의 발자국 소리도 듣지 못했고 옆에 날아가는 새의 날갯짓도 느끼지 못했다. 얼마나 흘렀을까? 뱀이 멈추어서 말했다.

"자! 내 생명의 은인인 친구야! 눈을 떠서 주위를 봐."

바뉴샤는 눈을 뜨고 주위를 둘러보았다. 초록 풀에 뒤덮인 멋진 숲이 있었다. 그 가운데 파란 집이 파랗게 빛나면서 비스듬하게 파란 하늘까지 닿아 있었다. 흰 뱀은 쉭쉭 뱀의 소리를 내다가 사람처럼 말을 했다.

"저 파란 집이 우리 집이야. 들어가자. 우리 부모님을 만나 보자. 우리 아버지는 거대한 노란 뱀인데 지나치게 화를 잘 내. 경계심이 무척 강하지. 친구야! 우리 집에 들어가면 아버지는 왼쪽에 누워 있을 거야. 아버지는 너를 보면 무섭게 쉭쉭거리면서 긴 혀를 빼물고는 너를 잡아먹으려 할 거야. 그럼 이렇게 말해. '이게 뭡니까? 뭐 하는 짓입니까? 내가 좋은 일을 하고 나서 그에 대한 대가를 받으러 왔는데 잡아먹으려 하다니요?'라고 말이야. 그러면 아버지가 네가 우리를 위해 어떤 좋은 일을 했냐고 물을 거야. 너는 가만히 있어. 내가 대답할게. 네가 나를 구해 줬다는 이야기를 들으면 아버지는 무척 부끄러워하면서 당장 자신의 행동을 멈출 거야. 우리 엄마는 나처럼 흰 뱀인데 무척 착해. 너와 나를 보면 뛸 듯이 기뻐하면서 식탁에 먹을 것을 내놓을 거야. 거기에는 깨끗하지 않은 온갖 것이 다 있을 거야. 절대 경멸하듯 보지 말고 먹도록 해. 포도주와 음식을 대접한 뒤에 네게 선물을 줄 거야. 처음에는 발부터 머리까지 은동전을 깔아 놓을 거야. 절대 그것들을 잡지 마. 그다음에는 발부터 머리까지 황금 동전을 깔아 놓을 거야. 그것들도 잡지 마. 그리고 주위를 돌아봐. 선반에 정말 너무 지저분한 나무 찻잔이 있을 거야. 그것을 달라고 해. 이 찻잔에는 영원한 행복이 들어 있어. 내 말을 명심해야 해."

그렇게 말을 한 뒤 파란 집으로 다가갔다. 갑자기 스르륵 철문이 열렸다. 파란 집 안에는 태양이 빛나고 달이 반짝이고 있었으며 황금 천막이 있었다.

황금 천막 안으로 들어갔더니 아닌 게 아니라 정말로 왼쪽에 거대한 노란 뱀이 누워 있었다. 노란 뱀은 바뉴샤를 보자마자 무시무시한 입을 벌리고 긴 혀를 쑥 내밀더니 잡아먹으려 했다. 바뉴샤가 말했다.

"이게 뭡니까? 도대체 뭐 하는 짓입니까? 내가 좋은 일을 하고 나서 그에 대한 대가를 받으러 왔는데 잡아먹으려 하다니요?"

노란 뱀이 쉭쉭 뱀의 소리를 내다가 사람처럼 말을 했다.

"네가 우리를 위해 어떤 좋은 일을 했는데? 사람 고기를 먹어 본 지가 너무 오래됐어. 너를 잡아먹고 싶어. 침이 꿀꺽꿀꺽 넘어가는군!"

"안 돼요, 아버지! 정말 나빠요. 늘그막에 왜 죄를 지으려 하세요. 저 청년은 나를 죽음에서 구해 줬어요. 검은 뱀이 나를 죽이려 할 때 저 청년이 정확하게 사격을 하지 않았다면 나는 죽었을 거예요."

그 말을 들은 노란 뱀은 갑자기 부끄러움이 머리끝에서 발끝까지 밀려왔고 쥐구멍이라도 있으면 숨고 싶은 심정이었다.

"세상에, 아들아! 나의 어리석음을 용서해 다오. 청년! 자네에게 큰 재산을 주겠소."

엄마인 흰 뱀은 쉭쉭 뱀의 소리를 내다가 사람처럼 말을 하기 시작했다.

"오! 아들아! 내 외아들의 목숨을 구해 주었다니! 이리 와서 앉으세요. 음식을 좀 드세요."

바뉴샤는 식탁에 앉았고 엄마 뱀은 벽난로에서 진흙으로 만든 항아리를 꺼내 식탁에 올린 뒤 먹으라고 권했다. 바뉴샤가 항아리 안을 들여다보니 거기에는 개구리, 뱀, 도마뱀, 벌레 들이 가득했다. 이를 본 뒤 바뉴샤는 공포를 느꼈다. 그것들을 입이 아닌 호주머니에 집어넣었다. 이것을 눈치챈 아들 뱀이 눈짓을 하면서 귓속말로 속삭였다.

"그러지 마! 내 부모님을 화나게 하지 마. 들키면 아무것도 못 받게 될 거야."

어쩌겠는가! 바뉴샤는 눈을 찡그리고 뱀의 꼬리를 찢어 입에 집어넣었다. 그런데 입에 들어가는 순간 무척 맛있다는 생각이 들었다. 아주 게걸스럽고 맛있게 항아리의 음식을 몽땅 비웠다. 엄마 뱀은 잔잔하게 미소를 띠었다. 그리고 바뉴샤가 음식에 거부감을 나타내지 않는다는 생각에 다른 항아리를 내놓았다.

바뉴샤는 다른 항아리도 순식간에 비웠다. 뱀 부모는 바뉴샤에게 금은보화를 선물했으나 바뉴샤는 거절했다.

"네게 무엇을 선물하면 좋은지 알 수가 없구나. 무엇이 필요한지 네가 직접 말해 보아라. 선물 없이는 못 보낸다."

"글쎄요…. 제가 한 일이 당신들에게 대단한 일이었다면 선반에 있는 나무 찻잔을 주세요. 저는 사냥꾼입니다. 제게는 저런 찻잔이 필요해요. 제가 한 일이 당신들에게 저 찻잔만도 못하다면 하는 수 없지요."

이 말을 들은 뱀 부모는 몸을 돌려 한참을 흐느끼다가 다시 몸을 돌려 웃으면서 말했다.

"이보게, 가지고 가게."

바뉴샤에게 찻잔을 선물로 주었다. 바뉴샤는 뱀의 등에 올라탔고 뱀은 번개처럼 달려갔다. 바뉴샤에게는 날갯짓 소리도, 발걸음 소리도 들리지 않았다. 전투가 벌어졌던 곳으로 날아갔다. 뱀은 잠시 멈추어서 미안하다는 듯 말했다.

"여기서부터는 혼자서 가야 돼. 이제는 작별을 해야만 해. 내 친구! 정말 착한 사람!"

이 말을 남긴 뒤 흰 뱀은 쏜살같이 날아온 곳으로 되돌아갔다.

바뉴샤는 땅에 주저앉아 자신이 금은보석을 다 마다하고 어째서 찻잔을 가지고 왔을까 하는 후회를 했다. 후회를 하면서 찻잔을 땅에 내동댕이쳤다. 그러자 부르지도 않았는데 어디에선가 병사 두 명이 앞에 나타났다. 땅에서 올라왔을까? 아니면 하늘에서 내려왔나?

"주인님, 부르셨습니까? 명령을 내리십시오. 무엇을 할까요?"

바뉴샤는 혼자 생각했다.

'세상에! 이런 신기한 찻잔이 있다니.'

"이보게들, 나를 집에 데려다줘."

"그렇게 할 테니 그동안 잠시 쉬십시오."

바뉴샤는 누워서 스르륵 잠이 들었다. 잠에서 깨어나 주위를 둘러보니 이미 집에 와서 나무 침대에 누워 있었고 나무 찻잔은 옆에 놓여 있었다. 짐승과 새 사냥을 나갔다가 늦은 저녁 집으로 돌아왔다. 찻잔을 들어 바닥에 던졌다. 하늘에서 떨어졌는지 땅에서 솟아나왔는지 알 수 없지만 그 앞에 병사 두 명이 서 있었다.

"주인님, 부르셨습니까? 명령을 내리십시오. 무엇을 하면 됩니까?"

"이봐, 내 충성스러운 병사들, 내 낡은 집 대신 90개의 모퉁이가 있고 60개의 방이 있는 궁전을 지어 줘. 궁전 주위에는 정원이 있었으면 좋겠어. 정원에는 먹을 수 있는 탐스러운 열매가 주렁주렁 열리는 나무 위에서 알록달록한 새들이 노래를 부르면 좋겠어. 맑고 깨끗한 강도 있었으면 좋겠어. 그리고 세상에서 가장 아름다운 아가씨를 품에 안아 보고 싶어. 아가씨는 왕이나 명문가의 딸이 아니고 그냥 평범한 집안의 딸이면 좋겠어."

"주인님, 누워서 잠시 주무십시오. 아침이면 모든 것이 준비되어 있을 겁니다."

바뉴샤는 누워서 쉬다가 깊은 잠에 빠져들었다. 아침에 잠에서 깬 바뉴샤는 자신의 눈을 믿을 수가 없었다. 그는 폭신폭신한 침대에 누웠고 옆에는 곱게 생긴 아가씨가 누워 있었다. 궁궐은 초록 정원에 둘러싸여 있었으며 알록달록 어여쁜 꽃들이 자랐고 각양각색의 탐스러운 열매들이 나무에 주렁주렁 매달려 있었다. 나뭇가지에는 천상에나 있음직한 작은 새들이 서로의 목청을 뽐내며 노래하고 있었다. 온갖 동물들이 이리저리 바삐 뛰어다녔고 큰 강이 유유히 흐르고 있었다. 시냇물들은 찰랑찰랑 물결을 치며 노래를 부르면서 노란 모래강변의 갈증을 풀어 주고 있었다. 이 커다란 궁전의 수많은 방에는 많은 사람들이 살고 있었다. 모두들 도착하는 즉시 바뉴샤에게 가서 초대해 줘서 고맙다는 감사의 말을 건넸다. 바뉴샤와 젊은 아내는 많은 사람들과 함께 궁전에서 행복한 나날을 보냈고 더 이상 필요한 것이 없었다. 식탁에는 항상 먹을 것이 차려져 있었기 때문에 배가 고프면 언제든지 먹을 수 있었다.

열정적인 사냥꾼이었던 바뉴샤는 사랑하던 사냥에 대해 잊을 수가 없었고 날이 갈수록 사냥이 그리워졌다. 야생 동물들과 새 고기가 먹고 싶었다. 사냥을 다니기 시작했는데 예전보다 사냥이 더 성공적이었다. 보름달이 휘영청 뜬 어느 날, 바뉴샤는 달을 보면서 사냥을 떠났다. 젊은 아내는 혼자 남겨졌다. 가만히 있는 것을 싫어하는 아내는 부지런하게 이것저것 일을 하기 시작했다. 방 청소를 했고 빨래를 했으며 정원을 쓸었고 바느질을 했다. 바뉴샤는 집에서 아주 멀리 떨어진 곳으로 가게 되었다. 그러던 어느 날 밤 화려하게 차려입은 상인이 젊은 아내를 찾아왔다.

"이보세요! 안녕하세요! 일부러 당신을 찾아왔어요. 나는 당신 남편의 형이오. 나를 두려워 말고 들여보내 주시오."

"뭐예요! 뭐라고요! 나는 당신을 몰라요. 내 남편은 천애 고아예요. 아버지도, 어머니도, 형제자매도 없어요. 그런데 당신은 누구세요?"

"아이쿠! 그는 나를 모를 수도 있어요. 그가 아주 어렸을 때 나는 집을 떠났어요. 그리고 나도 그처럼 사냥을 하면서 살고 있는데 사냥 솜씨가 무척 좋답니다. 덕분에 지금은 아주 큰 부자가 되어 장사를 하고 있지요. 그런데 당신 남편처럼 사냥을 잊어 본 적이 없어요. 그래도 내가 당신 남편의 형이라는 사실을 의심하세요? 당신에게 황금 찻잔을 선물로 가져왔어요."

"아! 그렇군요! 정말로 당신이 내 남편의 형님이란 말이지요! 내 남편은 여태 친형이 있는 걸 몰랐군요."

젊은 아내는 반갑게 손님의 손을 잡고 식탁에 앉힌 뒤 음식을 대접하면서 자신은 독한 포도주를 마셨다.

"어머나! 그런데 어째서 우리에게 황금 찻잔을 선물하시는 거죠? 다시 가져가세요."

"아니오! 내 동생과 당신에게 선물로 주려고 가져왔소. 절대 도로 가져갈 수는 없소."

"그럼 저는 당신에게 뭘 선물로 주면 좋을까요?"

상인은 주위를 찬찬히 둘러보다가 찬장에 지저분한 나무 찻잔이 놓여 있는 것을 보았다.

"바로 저거요. 저 나무 찻잔을 주시오. 저거면 충분하오. 나는 장사를 하다 보니 여기저기 많이 돌아다닙니다. 이 나무 찻잔이 내게 꼭 필요하오. 나는 양심적인 사람이오. 게다가 당신 남편의 형인데 당신에게 무리한 선물을 달라고 하겠소? 이 찻잔만으로도 너무 감사하오."

젊은 아내는 찻잔을 꺼내 상인에게 주었다. 선물을 받은 상인은 꼼꼼하게 포장을 한 뒤 주머니에 넣었다.

"자, 이제 가 보겠습니다. 잘 먹고 갑니다."

"뭐라고요? 왜 이렇게 서두르십니까? 곧 바뉴샤가 사냥에서 돌아올 겁니다. 그이를 보고 가세요."

"아니요. 이제 갈 시간이 되었소. 더 머물러 있을 수가 없소."

손님은 알 수 없는 곳으로 떠났다. 손님이 떠나자마자 바뉴샤가 사냥물을 잔뜩 가지고 사냥에서 돌아왔다. 젊은 아내는 함박웃음을 띠면서 남편을 맞이했다. 식탁에 앉아 세상에서 가장 맛있는 음식을 먹었고 가장 훌륭한 포도주를 마셨다. 식사를 마친 뒤 아내가 말했다.

"참! 바뉴샤! 어떻게 자신의 형을 잊어버릴 수가 있어요?"

"형이라니? 내게 형은 없소. 도대체 무슨 얘기를 하는 거요? 그는 어디에 있소?"

"방금 전에 당신의 형이라는 사람이 우리 집에 찾아왔었어요. 당신을 미처 기다리지 못하고 서둘러 떠났어요. 곧 다시 와서 당신을 만나겠다고 약속했어요. 그가 우리에게 황금 찻잔을 선물로 주었어요. 우리에게 이런 선물을 준 사람은 당신의 형 말고는 여태 한 명도 없었어요. 나는 그에게 지저분한 나무 찻잔을 선물로 주었어요. 너무 송구스러웠어요. 그런데도 그는 찻잔을 받고는 뛸 듯이 기뻐했답니다."

"세상에, 이런 불행한 일이! 이제 모든 것이 끝났소. 우리의 인생은 완전히 끝이 났소. 형은 무슨 형이오! 그자는 도둑이었소. 우리의 행복을 빼앗아 갔소. 당장 내일이면 우리는 벌거벗은 상태가 될 것이며 세상에서 가장 불행한 사람들이 될 것이오. 아이쿠! 이렇게 불행한 일이 있다니! 이제 우리는 어떻게 하면 좋단 말이오!"

바뉴샤는 눈물을 흘리기 시작했고 젊은 아내도 곁에서 눈물을 훔치기 시작했다.

"마지막 밤을 폭신한 침대에서 잡시다. 내일부터는 딱딱한 나무판자에서 뒹굴어야 할 것이오."

정말로 아침에 일어나니 나무판자 위에 누워 있었다. 궁궐은 하늘로 날아갔는지 땅으로 꺼졌는지 흔적도 없이 사라졌고 예전의 움집이 댕그라니 서 있었다. 무얼 어쩌겠는가! 궁궐 같은 것은 지을 엄두도 못 내었다. 바뉴샤는 총과 사냥용 배낭을 짊어지고 사냥을 떠났다. 검은 흑담비들, 살이 오른 사슴들을 사냥하여 부자가 된 마음으로 집으로 돌아오는데 마침 인심 좋아 보이는 한 상인이 선뜻 그에게서 짐승 가죽을 사 주었다. 바뉴샤는 어느 날 기운이 빠진 채 슬픔에 젖어 있다가 나무 찻잔에 생각이 미치자 그만 눈물을 흘리기 시작했다.

“아이쿠! 내 동물 가죽을 선뜻 사 간 그 상인이 내 나무 찻잔을 훔쳐 간 자가 분명해! 미안한 마음을 조금이나마 덜고 싶어서 내 동물 가죽을 사 준 거야…. 불한당 같은 놈! 그런데 도대체 어디서 그자를 찾는단 말인가!”

눈물을 흘리다가 결국 대성통곡을 하면서 타이가를 무작정 걷다가 그만 길을 잃어버리고 말았다. 얼마나 헤매 다녔을까? 인가는 어디에도 없었다. 다음 날도, 그다음 날도 하루 종일 타이가를 헤맸다. 음식은 다 떨어졌다. 굶주리고 추위에 꽁꽁 얼어붙은 상태로 타이가를 헤맸다. 나흘째 되던 날 아주 깊은 숲속에서 낡은 움집을 발견했다. 굴뚝에서는 파란색 연기가 하늘로 날아가고 있었다. 바뉴샤는 이 집으로 다가갔다. 개가 그를 맞이하면서 멍멍 짖어 댔고 여우가 달려왔으며 고양이가 야옹거리면서 다가왔다. 모두 바뉴샤를 반겼고 꼬리를 흔들면서 집으로 데리고 갔다.

바뉴샤는 집에 가서 문을 열고는 문지방을 넘어선 후 집 안에 있는 할아버지 할머니에게 인사를 했다. 노인들이 바뉴샤에게 물었다.

“세상에! 안녕, 안녕! 이곳으로는 새도 날아오지 않고 짐승도 오지 않는데…. 젊은 청년이 오다니! 어디에서 왔소? 어디로 가는 길이오? 이름이 무엇이오?”

"어디에서 왔고 어디에서 태어났는지 모르겠어요. 어디로 가는지도 모르겠어요. 타이가에서 길을 잃었어요. 노인들을 만나면 그 사람들의 아들이 되려고 했어요. 제 이름은 바뉴샤입니다."

"그래, 그래! 잘됐구나! 우리에게는 너 같은 아들이 필요하단다. 우리는 너무 늙었어. 그런데도 자식이 없단다. 우리의 아들이 되어 다오. 너를 행복하게 해 줄게."

노인들은 내놓을 수 있는 모든 것을 식탁에 내놓았다. 피곤에 지친 바뉴샤는 자려고 누웠다. 노인들은 평생을 타이가에서 살면서 사냥을 했다. 개, 여우, 고양이와 함께 살았으며 그 외 다른 것은 아무것도 없었다.

얼마나 시간이 흘렀을까? 바뉴샤는 노인들에게 사냥을 가게 해 달라고 청했다. 노인들은 크게 기뻐하면서 선뜻 응낙했다. 노인이 말했다.

"사랑하는 아들아! 너를 혼자 보내고 싶지는 않구나. 개를 데리고 사냥을 가거라. 안 그러면 너는 아직 너무 어려서 타이가에서 또 길을 잃을 수가 있어. 개와 함께 가면 그럴 일은 없을 거다. 개는 집까지 너를 잘 데리고 올 거야."

바뉴샤는 총, 배낭을 메고 사냥개를 데리고 사냥을 떠났다. 반짝이는 새까만 털의 흑담비, 살이 통통하게 오른 순록과 사슴을 골라 사냥을 했다. 개는 사냥한 동물 찾는 일을 도와주었다. 그래서 바뉴샤는 개를 무척 예뻐했다. 집에 가져갈 수 있는 만큼만 사냥을 했다. 집까지 절반쯤 남았을 때 바뉴샤는 타이가에서 가장 키가 큰 전나무의 맨 꼭대기에 올라가서 주위를 둘러보았다. 어느 곳에선가 시선을 멈춘 바뉴샤는 갑자기 눈물을 흘리더니 잠시 후 엉엉 대성통곡을 했다. 한참을 그러다가 나무에서 밑으로 내려와 집으로 향했다. 늦은 저녁 집에 도착했다. 노인들이 바뉴샤를 맞이하러 달려 나왔다. 친아들처럼 껴안았고 사냥물을 보자 기쁨에 겨워 어쩔 줄 몰랐다. 할아버지가 개를 불러 물었다.

"그래, 말해 보아라. 바뉴샤의 사냥 솜씨가 어떠하던? 사냥에서 그 아이와 잘 지냈느냐? 너는 그에게서 무엇을 알게 되었느냐? 다 말해 보아라."

개는 왈왈 짖다가 사람처럼 말을 하기 시작했다.

"우리는 사냥터에서 무척 사이좋게 사냥을 했답니다. 나를 기분 나쁘게 하지도, 벌을 주지도 않았어요. 그런데 그에게 한 가지 이상한 점이 있었어요. 집으로 돌아올 때 타이가에서 제일 키가 큰 전나무 위로 올라가서 사방을 둘러보다가 한곳에 눈이 닿자 구슬피 울다가 애통하게 통곡을 하더군요. 이유는 모릅니다."

"무슨 일이지? 그 아이에게 무슨 일이 있었던 거지? 왜 우는 거지? 어떻게든 알아내야겠군."

집 안으로 들어간 노인은 바뉴샤에게 물었다.

"오! 아들아! 숨기지 말고 말해 보아라. 어째서 눈물을 흘렸느냐? 무엇 때문에 그리 슬피 운 것이냐? 어째서 눈물범벅이 된 빨간 눈으로 돌아온 것이냐? 우리가 너무 보잘것없어서 그러느냐? 아니면 우리가 너를 기분 나쁘게 했느냐?"

"아버지! 아닙니다! 절대 아닙니다! 아버지 어머니께서 저를 기분 나쁘게 한 적은 결단코 없습니다. 부모님이 너무 보잘것없어서 그런 것도 절대 아닙니다. 저는 눈물을 흘린 적도, 슬픔에 잠긴 적도 없습니다. 집으로 돌아오는 길에 나뭇가지에 눈을 찔리는 바람에 눈물이 흘러내려 눈이 빨개진 것뿐입니다. 당신들은 고아인 저에게 친부모님이나 다름없습니다."

노인은 한시름 놓았다.

얼마의 시간이 흐른 뒤 바뉴샤는 다시 사냥을 준비했고 부모님에게 허락을 구했다. 부모님이 말했다.

"이번에는 여우를 데리고 가거라. 사냥을 할 때 도와줄 것이고 집까지 무사히 데려다줄 것이다."

바뉴샤는 노인들의 말을 순순히 따랐다. 타이가에서 흑담비를 골라 사냥을 했다. 집으로 돌아갈 시간이 되었다. 얼마나 사냥을 많이 했는지 바뉴샤는 힘에 부쳐 하면서 겨우겨우 사냥물을 끌고 갔다. 집을 절반쯤 남겨 놓고 바뉴샤는 다시 타이가에서 가장 큰 전나무를 발견했다. 사냥물을 내려놓고 전나무 맨 꼭대기에 올라가서 사방을 둘러본 뒤 슬피 울다가 곧 대성통곡을 했다. 땅으로 내려와 여우와 함께 집으로 돌아왔다. 저녁노을이 황금처럼 빛날 때 집에 도착했다.

부모님은 늘 그랬듯이 웃으면서 그를 맞이하러 달려 나왔고 아들과 사냥물을 보자 기뻐서 어쩔 줄 몰랐다. 다시 아버지는 바뉴샤에게서 눈물을 흘린 흔적과 눈물로 인해서 빨개진 눈을 발견했다. 바뉴샤는 식사를 하고 차를 마신 뒤 피곤에 지쳐 쉬려고 누웠다가 깊은 잠에 빠져들었다. 아버지는 여우를 불러 물었다.

"그래 여우야! 바뉴샤는 어떻게 행동하던? 그와 잘 지냈느냐? 그가 너를 기분 나쁘게 하거나 때리지는 않더냐? 그에게 이상한 점은 없었느냐?"

여우는 여우처럼 짖어 대다가 사람처럼 말을 하기 시작했다.

"아무것도 말할 것이 없습니다. 그는 내게 훌륭한 주인이 될 것입니다. 나를 기분 나쁘게 하지도 않았고 때리지도 않았으며 나를 아끼고 사랑해 주었습니다. 나는 그에게서 이상한 점을 발견하지 못했습니다. 그런데 돌아오는 길에 타이가에서 키가 가장 큰 전나무 꼭대기에 올라 사방을 둘러보다가 한곳에 시선이 닿자 슬프게 아주 슬프게 눈물을 흘리다가 곧 애통하게 대성통곡을 하기 시작했습니다. 이유는 모르겠습니다."

"도대체 바뉴샤에게 무슨 일이 있단 말이냐? 왜 우는 것이냐? 가슴이 찢어지는 것 같구나. 반드시 이유를 알아내서 도와주어야겠다."

얼마나 시간이 흘렀을까? 다시 바뉴샤는 사냥을 갈 채비를 했다.

"아들아! 이번에는 고양이를 데리고 가라. 고양이는 네가 사냥하는 것을 도와주고 집까지 잘 데려다줄 것이다."

바뉴샤는 기꺼이 고양이를 데리고 깊은 숲속으로 갔다. 사냥은 성공적이었다. 멋진 흑담비와 통통한 사슴을 잡았다. 바뉴샤는 사냥물을 간신히 끌고 집으로 돌아오고 있었다. 이번에도 전나무에 이르자 사냥물을 땅에 내려놓고 전나무 맨 꼭대기에 올라갔다. 고양이는 땅에 있지 않고 그를 따라 나무 위로 기어 올라갔다. 고양이는 바뉴샤보다 더 높은 가지 위로 올라갔다. 바뉴샤가 바라보는 곳을 고양이도 바라보았다. 하늘과 땅이 맞닿아 있는 아주 먼 곳에, 큰 강 너머에 아름다운 궁전이 태양처럼 빛나고 달처럼 반짝이면서 서 있었다. 이것을 본 바뉴샤는 눈물을 흘리더니 전보다 더 슬피 대성통곡을 했다. 무슨 일일까? 왜 바뉴샤는 궁전에서 눈을 떼지 못하고 그렇게 슬피 대성통곡을 하는 것일까? 고양이는 아무것도 알 수가 없었다. 실컷 눈물을 쏟은 바뉴샤는 나무에서 내려와 집으로 갔다. 고양이도 그 뒤를 따라 달려갔다. 석양이 황금빛으로 빛날 때 집에 도착했다. 부모님은 늘 그랬듯이 웃으면서 그를 맞이하러 달려 나왔고 아들과 사냥감을 보자 기뻐서 어쩔 줄 몰랐다. 다시 아버지는 바뉴샤에게서 눈물을 흘린 흔적과 눈물로 인해서 빨개진 눈을 발견했다. 아버지는 몰래 고양이에게 다가가서 물었다.

"무슨 일이냐? 저 아이가 또 울었느냐?"

"아주 먼 곳에, 땅과 하늘이 닿아 있는 곳에, 큰 강가에 아름다운 궁전이 서 있는데 태양처럼 빛났고 달처럼 반짝였습니다. 바뉴샤는 궁전을 보자마자 눈물을 하염없이 쏟으면서 아주 슬프게 울기 시작했습니다."

"대체 무슨 일이지? 그 아이와 이 궁전이 무슨 관계가 있지? 반드시 알아내야겠군."

얼마의 시간이 흐른 뒤 아버지는 바뉴샤에게 궁전에 대해 물었다. 바뉴샤는 오랫동안 고집을 피우면서 말을 하지 않았다. 아버지가 집요하게 묻자 결국 바뉴샤는 아버지에게 일의 전모를 모두 말했다.

"얘야! 사랑하는 아들 바뉴샤야! 왜 그렇게 어리석게 행동하느냐? 어째서 우리에게 그렇게 오랫동안 그 일을 감추어 왔느냐? 진작 말했다면 나무 찻잔은 벌써 내 품 안에 있었을 텐데. 나와 나의 동반자인 개, 여우, 고양이가 살아 있는 한 너를 위해 어떠한 일도 해 줄 수 있다. 곧 동물들을 데리고 네 찻잔을 찾으러 가라."

비상식량을 준비한 바뉴샤는 개, 여우, 고양이와 궁전을 향해 떠났다.

얼마나 멀리 갔을까? 얼마나 오랫동안 걸었을까? 깊은 타이가를 지나갔다. 그러자 깨끗한 초원이 펼쳐졌고 곧 큰 강가에 이르렀다. 큰 강의 건너편에는 아름다운 궁전이 서 있었다. 강에서는 백발의 노인이 어망으로 물고기를 잡고 있었다. 개, 여우, 고양이는 숲속에 남고 바뉴샤는 노인에게 다가갔다.

"안녕하세요! 할아버지! 물고기가 잘 잡히나요? 저도 할아버지와 같이 물고기를 잡으면 안 될까요?"

"얘야! 물고기는 잘 잡힌다. 원한다면 나와 함께 물고기를 잡아도 좋다."

바뉴샤는 할아버지와 함께 물고기를 잡기 시작했다. 정말로 물고기는 잘 잡혔다. 물고기가 어망으로 곧장 달려오는 바람에 물고기를 다 잡을 수도 없었다. 순식간에 엄청나게 많은 물고기를 잡았다. 바뉴샤는 잠시 쉬는 동안 총을 들고 사냥을 하러 가서 흰 거위를 잡았다. 그러고는 동물 친구들을 만나 할아버지에게 들키지 않고 강을 건너는 방법, 궁전으로 들어가는 방법, 궁전에 들어가서 나무 찻잔을 손에 넣는 방법 등을 의논했다. 고양이가 말했다.

"이봐, 바뉴샤, 개, 여우야! 나를 강 건너편에 데려다주면 내가 궁전에 들어가서 찻잔을 가지고 올게."

개와 여우는 어부 할아버지가 눈치채지 못하게 몰래 고양이를 등에 앉힌 뒤 즐겁게 강을 건너갔다. 바뉴샤는 어부 할아버지에게 돌아와 다시 물고기를 잡으면서 시간을 보냈다.

잠시 뒤 세 동물 친구들은 별 어려움 없이 강을 건너 궁전까지 갔다. 그런데 궁전은 동물들이 기어 올라갈 수 없고 새가 날아갈 수 없을 정도로 높았으며 철 담장으로 둘러싸여 있었다. 개와 여우는 담장 아래의 땅을 재빨리 파헤쳐서 궁전 안으로 들어갈 수 있는 조그만 굴을 만들었다. 그 순간 고양이는 굴을 통해 궁전으로 들어가 정원을 돌아다니다가 자신을 꼭 닮은 고양이를 발견했다. 잽싸게 그를 덮친 뒤 철 담장 밑에 있는 굴로 끌고 와서 개와 여우에게 주었다. 여우와 개는 조금도 지체하지 않고 그 고양이를 강에 던져 버렸다. 다시 궁전으로 들어간 우리의 고양이는 정원 이곳저곳을 누비면서 재롱을 떨었다. 집 안 모두의 시선이 우리의 고양이에게로 쏠렸다. 하인이 나와 고양이를 궁전으로 데리고 들어갔다. 그곳에서는 궁전의 주인 부부가 황금 식탁에 앉아 잔치를 벌이고 있었다. 부부는 잔치가 끝나고 곧 황금 침대에 누워 깊은 잠에 빠져들었다. 우리의 고양이는 60개의 방을 쥐 잡듯 샅샅이 뒤졌지만 어디에도 나무 찻잔은 없었다. 그러자 고양이는 꾀를 생각해 냈다. 페치카[3] 주위를 달려 재 회오리바람을 일으키는 것이었다. 정말로 처음에는 바닥에 흩날리던 재가 점점 커지더니 회오리바람이 되어 모든 방을 뒤덮었다. 코를 골면서 자던 부부는 재가 든 공기를 들이마시는 바람에 화들짝 놀라 잠에서 깼는데 무슨 일인지 도무지 이해할 수가 없었다. 하인들이 부부를 밖으로 끌어내라고 소리쳤다. 어디서 왔는지 하인들이 방에 가득했는데 누구는 다리를, 누구는 머리를 잡고 부부를 밖으로 내동댕이쳤다. 잠시 뒤 우리의 고양이가 베개를 들자 그 아래에 나무 찻잔이 있었다. 찻잔을 이빨로 물고 번개 같은 속도로 동물 친구들에게 달려갔다. 누구도 고양이가 달려가는 것을 알아채지 못했다. 철 담장에 온 고양이는 굴을 기어 빠져나갔다. 개와 여우는 그곳에서 고양이를 기다리고 있었다. 개와 여우는 찻잔에서 눈을 떼지 못했고 고양이를 엄청 부러워했다. 속으로 생각했다.

3) 벽난로.

'이제 고양이가 주인에게 찻잔을 가져다주면 주인은 고양이만 칭찬하고 예뻐하겠지…. 우리는 거들떠도 안 보는 거 아니야? 큰 걱정인걸….'

강에 다가가자 여우가 말했다.

"이봐 고양이! 찻잔을 이리 줘!"

"싫어, 안 줘! 너 여우는 영악하잖아. 주인에게 네가 찻잔을 가져왔다고 말할 거잖아."

개와 여우가 말했다.

"네가 우리에게 찻잔을 주지 않으면 너를 빼놓고 우리끼리 주인에게 가 버릴 거야."

고양이는 코가 아릿하면서 눈물이 핑 돌았다. 하지만 헤엄을 칠 수 없는 고양이가 무엇을 할 수 있단 말인가! 일단 강을 건넌 뒤 개와 여우에게 찻잔을 주겠다고 약속했다. 개의 등에 올라탄 고양이는 하염없이 울었다. 강 중간쯤 왔을 때 갑자기 개가 고양이가 가지고 있던 찻잔을 빼앗으려고 달려들었다. 그 바람에 고양이는 찻잔을 강에 빠뜨렸다. 찻잔은 동물 친구들의 마음도 모른 채 강바닥을 향해 내려가고 있었다. 동물 친구들이 찻잔을 잡으려 했지만….

고양이는 아까보다 더 구슬피 눈물을 흘렸고 개와 여우도 함께 울었다. 이제 주인에게 뭐라고 말을 한단 말인가! 바뉴샤는 강가에서 친구들을 기다리고 있었다. 그들을 품에 안으면서 어떻게 되었는지 물었다. 개와 여우는 고개를 떨군 채 한마디도 하지 못했다. 고양이는 친구들을 원망했다. 그러나 바뉴샤는 전혀 슬퍼하지 않았다.

“잘했어, 고양이! 궁전에서 찻잔을 가지고 나온 너희 모두 정말 잘했어! 찻잔은 강바닥에서 찾으면 돼!”

바뉴샤는 세 친구의 머리를 다정하게 쓰다듬으면서 즐겁게 해 주려고 노력했다. 바뉴샤는 어부 할아버지에게 가서 말했다.

“할아버지! 어망을 강 이쪽에서 저쪽으로 던져 보세요. 내 친구들이 강 저쪽에 물고기들이 엄청 많다고 하네요.”

할아버지는 오랫동안 하지 않겠다고 고집을 피우다가 마침내 승낙을 했다. 어망을 끌어당겨 강 저쪽으로 힘차게 던진 후 다시 끌어당기기 시작했는데 도저히 끌어당길 수가 없을 만큼 많은 물고기가 잡혔다. 바뉴샤는 친구들에게 도와 달라고 소리쳤다. 동물 친구들은 어망을 이빨에 물고는 순식간에 강기슭으로 끌어냈다. 바뉴샤는 물고기들 가운데서 나무 찻잔을 찾아냈다.

“할아버지, 물고기를 모두 가져가세요. 저는 사냥꾼이니 이 나무 찻잔만 가져갈게요. 사냥 다닐 때 무척 필요하거든요.”

“얘야, 네게 필요하다면 가져가라. 나는 물고기면 충분하다."

바뉴샤는 노인과 작별을 한 뒤 친구들과 집으로 향했다.

부모님은 다정하게 아들의 이름을 부르며 마중을 나와 어떻게 되었는지 물었다. 바뉴샤는 그동안 있었던 일을 모두 들려주었다. 부모님은 충직한 동물들을 바라보면서 입이 닳게 칭찬했다. 밤이 되었다. 바뉴샤는 찻잔을 바닥에 던졌다. 그러자 곧 젊은 병사 두 명이 그들 앞에 나타나서 말했다.

"주인님! 무슨 일입니까? 무엇을 해야 하는지 명령만 내리십시오."

"내일 아침까지 이곳에 아름다운 궁전을 지어 주세요. 내 아내를 내 품에 데려다주세요. 못된 거짓말쟁이 악당들은 독수리처럼 벌거숭이 거지가 되어 세상을 떠돌게 해 주세요."

"아침이면 주인님의 뜻대로 되어 있을 겁니다. 편히 주무십시오."

밤새 아주 깊은 잠에 빠져들었다. 아침 녘에 일어난 바뉴샤는 자신의 눈을 믿을 수가 없었다. 아름다운 궁전에서 그는 폭신한 모피가 덮인 황금 침대에 사랑스러운 아내와 누워 있었다. 식탁에는 온갖 포도주가 놓여 있었는데 음식은 없었다. 궁전 주위는 향화가 만발한 초록 정원이 펼쳐져 있었으며 탐스러운 열매들이 나무에 주렁주렁 매달려 있었다. 인형처럼 예쁜 작은 새들이 영롱한 목소리로 노래를 했으며 각양각색의 동물들이 이리저리 신나게 뛰어다녔다. 우리의 동물 친구들은 그 동물들과 즐겁게 놀면서 뛰어다니고 있었다.

식탁에 둘러앉아 음식을 먹었다. 바뉴샤는 밖으로 나가 찻잔을 바닥에 던졌다. 다시 그 앞에 두 명의 병사가 나타나 명령을 기다렸다.

"주인님! 무엇을 하면 됩니까? 명령만 내리십시오!"

"오! 나의 사랑스러운 병사들아! 너희는 나에게 영원한 행복을 만들어 주었다. 이제는 너희가 없어도 되니 너희 나라로 가서 가난한 사람들을 도와주도록 해라. 사람들을 괴롭히는 자들은 파멸시키고, 악을 이 땅에 뿌리내리려는 자들은 비참한 최후를 맞게 하여 이 세상에 악이 없어지도록 해라."

"친절한 주인님! 시키는 대로 하겠습니다. 내일이 되면 이 땅에 악은 없어지고 탐욕은 잊힐 겁니다."

이 말을 끝으로 병사들은 사라졌다. 바뉴샤는 부모님, 젊은 아내와 행복하고 부유하게 살았다. 바뉴샤는 사냥을 다녔고 항상 엄청난 사냥물을 가지고 돌아왔다. 아내는 음식을 준비하고 바느질을 했으며 정원을 정리했다. 아내는 이 모든 것을 아주 훌륭하게 해냈다. 두 명의 젊은 병사는 이 땅에서 악을 없애고 가난한 사람들을 가난에서 해방하고 악한 들을 몰락시키고 있다.

지혜로운 쇼르인 이야기

재판관을 감동시킨 프촐카

형 오보드와 동생 무라베이가 살고 있었다. 오보드는 부자였고 무라베이는 가난했다. 오보드에게는 자식이 없었고 무라베이에게는 프촐카라는 딸이 있었다.

어느 날 프촐카가 아버지에게 말했다.

"큰아버지에게 가서 소를 달라고 부탁해야겠어요. 계속 이렇게 살다가 우리는 곧 굶어 죽을 거예요."

"얘야, 가지 말거라. 내 형보다 더 인색한 사람은 이 세상에 없단다. 그에게는 겨울에 눈도 달라고 해서는 안 된단다. 무얼 달라고 부탁하지 말거라. 내가 이제껏 살면서 그에게 받은 것이라고는 수모밖에 없단다."

딸은 고집을 부렸다.

"아니에요, 가겠어요. 큰아버지가 저를 불쌍히 여기실지도 몰라요."

아버지는 더 이상 반대하지 않았다. 프촐카는 부자 큰아버지네로 갔다. 그의 큰 저택에 들어가서 고개를 숙인 뒤 귀엽게 인사를 하면서 이렇게 말을 했다.

"선량하고 지혜로우신 큰아버지, 저는 자주 이런 생각을 한답니다. 저는 왜 큰아버지의 딸로 태어나지 않았을까? 그랬다면 얼마나 좋았을까요! 저와 아버지는 곧 굶어 죽을지도 모른답니다. 아버지는 가난한 데다 우둔하기까지 하죠."

조카딸의 말은 큰아버지의 가슴에 쏙 와닿았다. 그는 조카딸에게 선뜻 송아지를 주었다.

송아지는 날마다 쑥쑥 자라더니 금방 소가 되었다. 아버지와 딸은 마냥 기뻐할 수만은 없었다. 소가 새끼를 낳았고 매일 40통의 우유를 쏟아내기 시작했기 때문이다. 부자 큰아버지의 소들이 만들어 내는 우유를 모두 합쳐도 그 정도는 안 되었다. 아버지와 딸은 부족함을 모르며 살아가게 되었다. 소가 그들도 먹여 살려 줄 뿐만 아니라 가난한 사람들도 먹여 살려 주었다. 사람들은 소를 사랑하면서 프촐카를 칭찬했고 오보드를 비웃었다. 부자는 기분이 상해서 동생에게 말했다.

"내 소를 도로 내놔."

아버지 대신 프촐카가 나섰다.

"큰아버지, 무슨 말씀을 하시는 거예요. 우리는 큰아버지의 소를 가져온 적이 없어요. 송아지를 데리고 왔지요. 송아지를 도로 가져가세요."

"내게 송아지는 필요 없다!"

재판을 하게 되었다.

재판관이 그들을 불렀다. 그들은 지난 일을 모두 이야기했다. 재판관은 심하게 화를 내면서 말했다.

"바보들, 소 한 마리를 나누어 갖지 못하다니! 그런 하찮은 사건으로 나를 찾아왔단 말이지. 어리석은 너희에게 벌을 주어야겠지만, 좋다. 내가 세 가지 수수께끼를 내겠다. 그것을 모두 풀면 너희의 싸움을 해결해 주겠다. 첫 번째 수수께끼는 이 세상에서 가장 기름진 것, 두 번째 수수께끼는 이 세상에서 가장 빠른 것, 세 번째 수수께끼는 가장 큰 것이 무엇인가를 찾는 것이다. 내일 여기로 와서 내게 말하도록 해라."

형제는 나가는 순간부터 곰곰이 생각에 잠기기 시작했다. 오보드가 아내에게 세 가지 수수께끼를 들려주자 그녀가 웃으면서 말했다.

"정말 시시하군요! 이렇게 말하세요…."

그리고 재판관에게 말할 내용을 그에게 가르쳐 주었다.

무라베이도 딸 프촐카에게 모든 것을 말했다. 그리고 심하게 슬퍼하기 시작했다. 프촐카가 말했다.

"아버지, 슬퍼하지 마세요. 누워서 주무세요. 저녁보다 아침에 생각이 더 잘 떠오르니까 아침에 생각하도록 해…."

그리고 아침에 프촐카는 재판관에게 말할 내용을 아버지에게 가르쳐 주었다. 아침에 형제가 재판관에게 가자 재판관이 물었다.

"그래 어떻게 되었느냐, 다 풀었느냐?"

"풀었습니다."

"말해 보거라."

먼저 오보드가 말했다.

"오, 현명하신 재판관님, 저는 이렇게 생각합니다. 이 세상에서 우리 집의 잡종 돼지보다 더 기름진 것은 없을 것이며 이 세상에서 제 흑마보다 더 빠른 것은 없을 것이고 이 세상에서 우리 집보다 더 큰 것은 없을 것입니다."

다음은 무라베이가 대답했다.

"오, 현명하신 재판관님, 제게는 서로 견주어서 판단할 만한 돼지도 말도 집도 없습니다. 하지만 말하겠습니다. 이 세상에서 가장 기름진 것은 땅이고 가장 빠른 것은 생각이며 가장 큰 것은 태양입니다."

재판관이 감탄했다.

"네가 맞다! 정말 지혜롭구나!"

그래서 무라베이가 소를 갖게 되었다. 형제들이 집으로 떠나려 할 때 재판관이 물었다.

"무라베이야, 말해 보거라. 네가 혼자 이 대답을 생각해 낸 것이냐?"

"솔직하게 말씀드리면 아닙니다. 딸 프촐카가 알려 주었습니다."

"네 딸이 그렇게 지혜롭다면 물고기 가죽으로 내 모피 외투를 지어 오라고 해라."

이튿날 무라베이가 와서 말했다.

"오, 현명한 재판관님, 제 딸이 이렇게 말했습니다. 재판관님이 제게 모래로 만든 실을 가져다주면 짐승 가죽으로 모피 외투를 지어 드리겠다고 말입니다."

"좋다! 마당에 있는 황소를 네 딸에게 주면서 송아지를 낳게 하라고 전해라."

아침에 재판관은 무라베이가 대답을 가지고 오기를 기다렸지만 무라베이는 오지 않았다. 그래서 재판관이 직접 무라베이네 집으로 갔다. 도착했다. 무라베이가 아프다며 침대에 누워 있었다. 풀을 한 아름 들고 프춀카가 들어왔다. 재판관이 물었다.

"송아지는 어디에 있느냐?"

프춀카는 아무 말도 하지 않았다.

"송아지가 없는데 왜 풀을 들고 있느냐?"

"제 아버지가 아이를 낳았습니다. 보세요. 아파서 누워 계시잖아요. 우리는 너무 가난해서 밑에 깔 것이 아무것도 없답니다. 그래서 풀을 뜯어 왔답니다."

재판관이 버럭 소리를 질렀다.

"뭐라구? 너는 정말 어리석구나! 남자가 아이를 낳았다는 이야기를 들어 본 적이 있느냐?"

"그럼 재판관님은 황소가 송아지를 낳았다는 말을 들어 보신 적이 있나요?"

재판관은 그 자리에서 몸을 돌려 황급히 집으로 떠났다.

몇 시간 뒤 그는 무라베이에게 중매쟁이를 보냈다. 자신의 아들과 프촐카를 결혼시키기 위해서였다. 프촐카는 그에게 이런 조건을 내세웠다.

"재판관님이 백성들에게 선과 자비를 베풀어 주신다면 아드님과 결혼하겠어요. 백성들에게 무례하게 하지 않고, 약한 백성들을 보호하며 나쁜 백성들을 혼내 주신다면 결혼하겠어요."

재판관은 이 조건을 받아들였다. 재판관은 젊은이들을 모두 모아서 축제를 열었다. 오랫동안 축제가 계속되었다. 그 후 재판관은 아들과 말을 타고 사냥을 나갔다. 돌아오는 길에 아버지가 말했다.

"가는 길을 짧게 해 보자꾸나."

아버지의 말을 들은 아들은 빨리 가려고 가던 길에 벗어났고 지름길을 찾아 곧장 달렸다. 아버지는 그 뒤를 따라 달렸다. 하마터면 습지에 빠질 뻔했으며 숲에서는 길을 잃을 뻔했다. 집에 도착했다. 자려고 누웠을 때 아들이 아내에게 말했다.

"우리 아버지는 참으로 어리석어요. 그런데도 백성들을 다스리고 있어요. 집으로 돌아올 때 아버지가 갑자기 가는 길을 짧게 하자고 하시더군요. 그래서 지름길을 찾아 똑바로 달려왔어요. 그 바람에 습지에 빠질 뻔했고 숲에서는 길을 잃을 뻔했답니다."

"아버님은 어리석은 분이 아니랍니다. 긴 길의 무료함을 이야기로 달래 보자는 말이었어요. 당신은 전혀 다른 행동을 한 거랍니다. 아버지는 당신과 이야기하기를 원했는데 당신이 잘못 생각한 거지요."

다음 날 아버지와 아들이 먼 길을 떠나게 되었다. 아들은 내내 아버지에게 즐거운 이야기를 들려주었다. 머나먼 길이 그들에게는 짧게만 느껴졌다.

재판관이 생각했다.

'아들을 프촐카와 결혼시킨 것은 정말 잘한 거야. 그 아이가 내 아들에게 지혜와 판단력을 심어 주고 있어.'

어리석은 지주와 영리한 사냥꾼

우리 할아버지 할머니가 젊었을 때의 일이다. 어떤 마을에 파유시라는 이름의 지주가 살고 있었다. 그는 아주 많은 재산을 가지고 있었으며 마을의 권력을 움켜쥐고 있었다. 그는 자신이 이 세상에서 가장 현명하다고 생각했다. 그런 나머지 사람들을 조롱하고 비웃었다. 결국 모든 사람들이 그의 곁을 떠났다.

어느 더운 여름날, 파유시는 널찍한 자신의 집에 앉아서 꿀을 곁들인 차를 마시고 있었다. 그러다 문득, 열린 창문 너머를 바라보았다. 마을에 사람이라곤 없었다. 사람들은 풀을 베러 숲속으로 나간 뒤였다. 파유시는 너무 지루하고 심심했다.

그때 사냥꾼 코칸이 자신의 집 근처를 지나가는 것을 본 파유시는 무척 기뻐했다.

'야호, 코칸을 좀 놀려야겠군…!'

사냥꾼이 창문 근처에 다가오자 파유시가 소리쳤다.

"코칸! 사람들이 네가 영리하고 지혜롭다고 하던데. 그렇다면 밤에 내 마구간에서 말을 데리고 가 봐. 말고기를 실컷 먹을 수 있잖아. 그런데 내 말을 가져가지 못하면 내일 내 일꾼들이 너를 밧줄에 묶어서 마을을 끌고 다닐 거야."

파유시는 코칸이 밧줄에 묶인 모습을 상상하면서 큰 소리로 웃었다.

코칸이 대답했다.

"좋아, 단 사람들 앞에서 약속하자. 그러면 그렇게 하지."

저녁에 파유시는 이 사실을 젊은 아내에게 이야기했다.

"내일이면 사람들이 너무 우스워서 배를 잡고 뒹굴게 될 거야! 내 마구간에서 말을 데리고 나가는 것은 거친 들짐승을 잡는 거나 다름없다고! 그건 절대 불가능하지! 암 불가능하고말고…."

밤이 되어 주변이 어두워졌다. 파유시는 큰 자물쇠로 마구간을 잠근 뒤 가장 믿음직스러운 일꾼에게 열쇠를 맡겼다. 그가 보초 서는 것을 도와주라고 힘세고 믿을 만한 하인들도 함께 세워 두었다.

파유시가 자신의 일꾼들에게 경고했다.

"자, 보게들! 칠흑같이 어두워졌어. 절대 졸면 안 돼. 코칸이 여기 어디쯤 오면 뒤통수를 쳐서 정신을 잃게 해야 돼! 알겠는가?"

하인 한 명이 말했다.

"그럼요, 그럼요, 절대 졸지 않을 겁니다. 다행히 여름밤은 길지 않아요."

손에 나무껍질로 만든 바구니를 들고 담장 뒤에 숨어 있던 코칸은 파유시의 이야기를 모두 들었다. 한밤중이 되자 파유시는 마구간으로 갔다.

"자들, 이보게들, 자는 건 아니지?"

하인이 대답했다.

"아닙니다. 모두 내일 코칸을 밧줄에 묶어서 어떻게 끌고 다닐지 이야기하고 있었습니다."

"좋았어."

파유시는 이렇게 말한 뒤 집으로 갔다.

코칸은 손에 나무껍질로 만든 바구니를 들고 계속 담장 옆에 숨어 있었다.

시간은 더디게 갔다. 두 번 담배를 피웠다. 파유시는 다시 마구간으로 가서 또 물었다.

"어때? 자는 건 아니지?"

"아닙니다. 여전히 내일 코칸을 마을 이리저리로 끌고 다니는 이야기만 하고 있었습니다."

"그래그래."

그러고 파유시는 다시 집으로 들어갔다. 코칸은 주위가 고요해질 때까지 기다렸다. 살며시 정원을 가로질러서 파유시의 마구간 근처로 다가갔다. 그리고 목소리를 바꾼 뒤 물었다.

"자, 어떤가? 자는 건 아니지?"

"아닙니다. 절대 자지 않을 겁니다. 믿어 주십시오."

"좋아, 좋아. 한 명씩 내게로 오게. 자네들이 잠들지 않고, 또 아침까지 추위를 버틸 수 있게 술 한 잔씩 주겠네."

술을 무척 좋아하는 파유시의 하인들은 파유시가 직접 자신들에게 주는 것이라고 생각했다. 술을 다 마신 뒤 땅바닥에 쓰러져서 코를 골기 시작했다.

코칸은 늙은 하인이 가지고 있는 마구간 열쇠를 집어 들고는 조용히 말을 마구간에서 데리고 나와 밭으로 갔다. 코칸은 집에 도착해서 말을 죽인 뒤 아침까지 고기를 삶았다.

아침에 잠에서 깬 파유시는 마구간으로 갔다. 하인들은 모두 자고 있고 말이 마구간에서 없어진 것이 아닌가!

파유시는 엄청나게 화를 내면서 발로 하인들을 차기 시작했다. 어찌 되었든 그래 봤자 아무 의미도 없었다. 코칸이 이긴 것이 아닌가!

자신의 하인들을 모두 내쫓은 뒤 코칸을 불렀다.

"어떤 꾀를 써서 네 명의 바보에게서 말을 훔쳐 냈는가? … 자네가 금고를 내 방에서 훔쳐 가면 그때는 정말 자네를 영리하고 지혜롭다고 인정해 주겠네…."

코칸과 파유시는 사람들이 보는 앞에서 다시 내기를 했다.

늦은 밤, 코칸은 몇 번 파유시의 집 앞을 오락가락했다. 창문으로 밝은 불이 보였다. 파유시는 두 손으로 금고를 잡고 있었고 아내는 그에게 무언가 소곤소곤 이야기를 들려주고 있었다. 두 사람이 같이 밤새도록 금고를 지키기로 결심한 것이 분명했다.

코칸은 집으로 가서 비단 옷을 입고 화려한 색의 허리띠를 맸다. 콧수염과 턱수염도 붙였다. 가슴에는 빛나는 장신구를 매달았다. 큰 지팡이를 쥐고는 마을에서 제일 나이가 많은 촌장의 집으로 갔다.

코칸은 현관에서부터 지팡이를 두드리면서 촌장의 집으로 들어갔다. 그러고는 족장의 목소리를 흉내 내어 소리를 질러 대기 시작했다.

"왜 나를 마중 나오지 않았는가? 이 마을을 지나면서 당신에게 조언을 하려고 했는데! 오는 도중에 당신과 파유시가 허무맹랑한 일을 꾸미고 있다고 들었소. 파유시가 사냥꾼 코칸과 내기를 했다고? 어떻게 그런 짓을 할 수 있소? 이 지팡이로 당신과 파유시의 갈비뼈를 부러뜨려 놓겠소! 그러지 않으면 이 마을을 절대 지나가지 않겠소! 빨리 여기로 파유시를 부르시오. 지금 당장!"

촌장은 마을에 갑자기 나타난 족장 때문에 죽을 만큼 놀랐다. 곧장 창문을 뛰어넘어 힘을 다해 파유시에게 달려갔다.

파유시에게 도착한 촌장은 놀라서 눈물을 흘렸고 혀가 꼬여 버리고 말았다.

"족장이 왔소. 그를 마중 나오지 않았다고 화가 났소. 그리고 당신이 코칸과 내기를 한 것을 이미 알고 있소. 우리 갈비뼈를 부러뜨려 놓겠다고 했소. 금고를 지키고 있을 때가 아니오. 목숨이 경각에 달려 있소. 빨리 우리 집으로 갑시다."

파유시도 너무 놀라 몸을 떨었고 순간 옷을 입고 밖으로 나가면서 아내에게 말했다.

"금고를 단단히 지키고 있으시오. 혹시 불이라도 나지 않게 조심하면서 잘 지키고 계시오."

그리고 촌장과 함께 달려갔다.

이때 코칸은 다른 길로 파유시의 집으로 오고 있었다. 창문을 통해서 아내 홀로 금고를 꼭 붙잡고 앉아 있는 것을 보았다.

코칸은 지팡이를 두드리면서 문을 활짝 열고는 소리를 지르기 시작했다. 자신이 진짜 족장인 것처럼.

"묻겠다, 파유시는 어디에 있느냐? 너의 그 모자라는 남편은 어디에 있느냐?"

파유시의 아내는 무서워서 몸을 벌벌 떨면서 겨우겨우

대답했다.

“파유시는… 음… 아니요. 그는 촌장님과 당신을 만나겠다고 갔어요.”

코칸은 더 크게 소리를 쳤다.

“촌장 집에서 그를 기다렸는데 오지 않았네. 어디에 숨었지? 지금 당장 그의 뒤를 쫓아가서 당장 여기로 데리고 오시오!”

아내는 금고를 버려두고 파유시를 찾으러 달려갔다. 코칸은 금고를 잡아 들고는 그들을 바라보았다! … 촌장, 파유시, 그의 아내는 오랫동안 이리저리 족장을 찾아 뛰어다녔다. 족장을 못 찾은 이들은 다시 파유시의 집으로 가게 되었다. 그제야 이들은 족장이 아니고 사냥꾼 코칸이란 사실을 알게 되었다.

금고가 없어진 것을 알게 된 파유시는 백지장처럼 하얗게 변하면서 바닥으로 쓰러졌다. 그리고 화가 난 수십 마리의 늑대처럼 베개를 물어뜯기 시작했다.

그는 이렇게 결심했다.

‘코칸은 정말 지혜롭고 영리한 사람이야. 더 이상 그와 내기 따위는 하지 않겠어. 그렇지 않으면 언젠가는 내가 죽을 수도 있을 거야.’

죽음으로 끝난 쿠의 사랑

아주 오래전 이야기다. 큰 도토리가 막 땅에 나타났을 때의 이야기다. 당시 우리 마을에 오찬이라는 젊은 사냥꾼이 살고 있었다. 번개보다 빨리 달리는 짐승도 그의 화살을 피해 가지 못했고 하늘을 나는 날짐승도 그에게서 도망가지 못했다. 오찬은 타이가를 집처럼 누비고 다녔다. 비가 와도 눈이 와도 타이가에서 길을 잃는 법이 없었다.

어느 맑은 봄날, 오찬은 사냥을 마치고 돌아오다가 마을에서 멀지 않은 곳에서 아가씨의 노랫소리를 들었다. 아가씨는 타이가의 아름다움과 자신의 순수한 사랑에 대해 노래하고 있었다. 흰 날개가 그녀의 심장을 움직이게 하지만 애인이 이 사실을 전혀 모른다고 노래했다. 노래 속에서 애인의 이름이 반복되었다.

"오, 나의 오찬, 오찬! …"

오찬은 이 노래가 들려오는 곳으로 서둘러 갔다. 제비꽃이 양탄자처럼 덮인 덤불 숲 가에, 백조처럼 흰 원피스를 입은 아가씨가 서 있었다. 이 예쁜 아가씨의 이름은 쿠였다.

예기치 않게 오찬을 보게 된 아가씨는 너무 놀란 나머지 노래를 멈추었고 얼굴은 빨갛게 달아올랐다. 오찬을 빛나는 눈으로 기쁘게 바라보면서 수줍은 듯 미소를 지었다. 오찬은 이 눈빛으로 인해 심장이 불길에 활활 타오르는 것 같았다. 오찬의 가슴은 아름다운 쿠에 대한 사랑으로 불타올랐다.

오찬은 그녀에게서 눈을 뗄 수가 없었다. 말을 걸 수도 없었다. 여러 번 큰 숨을 내쉰 뒤 조용히 말했다.

"쿠, 당신을 사랑합니다. 제 사랑을 받아 주십시오. 그러면 저는 세상에서 가장 행복한 사람이 될 것입니다."

쿠는 대답 대신 얼굴을 빨갛게 붉히면서 미소만 지을 뿐 자신의 사랑에 대해서는 한 마디도 하지 못했다.

수많은 날이 지나갔다. 어느 겨울날, 사냥을 나간 오찬이 돌아오지 않았다. 사람들은 그를 찾아 타이가를 헤맸다. 그런데 어디에서도 흔적을 찾을 수가 없었다.

다시 봄이 되자 사람들은 산속 어딘가에서 죽은 것이 분명하다고 결론을 내렸다. 그런데 단 한 사람, 쿠만이 이 말을 믿지 않았다. 오찬이 더 그리워졌다. 무엇을 해야 할지 알 수가 없었다.

쿠는 늙은 샤먼을 찾아갔다. 그녀의 오찬이 어디에 있으며 어떻게 해야 그를 찾을 수 있는지, 죽었는지 살았는지 말해 달라고 애원했다.

샤먼은 잠시 머뭇거리다가 쿠에게 대답했다.

"너의 오찬은 멀리 떨어진 푸른 산에 가 있구나. 그를 찾는 것은 쓸데없는 일이야. 그를 찾게 되더라도 너는 더 이상 집으로 돌아올 수 없어. 그를 잊고 나에게 시집오는 편이 낫지 않겠느냐?"

쿠는 화가 나서 눈을 이글거리면서 샤먼의 집을 뛰쳐나왔다. 직접 애인을 찾으러 가기로 결심했다.

쿠는 오랫동안 타이가를 헤매 다녔다. 새처럼 나뭇가지에서 잠을 자기도 했다. 들짐승처럼 풀을 뜯어 먹기도 했다. 사나운 짐승으로부터 힘들게 도망치기도 했다.

드디어 쿠는 푸른 산에 도착했다. 높은 돌투성이의 능선을 넘어오는 바람에 손과 발이 다 닳아 없어졌다. 그녀는 산꼭대기까지 올라갔다….

그녀 앞에 광활한 사가이 초원이 펼쳐졌다. 아가씨는 산중턱의 절벽에 서서 산 아래를 바라보았다. 굉장히 많은 소와 염소 떼들이 부른 배를 출렁거리면서 어슬렁거리고 있었다. 그런데 그 옆에 목동이 있어 자세히 보니 그녀의 오찬 같았다.

쿠는 너무 기쁜 나머지 흥분해서 소리를 지르기 시작했다.

"나의 오찬, 오찬!"

그에게 손을 뻗으면서 절벽 아래로 달려갔다.

바람이 그녀의 옷을 휘감자 넓은 소매가 펼쳐지면서 흰 새처럼, 백조처럼 쿠는 날기 시작했다. 하늘 높은 곳으로 올라간 쿠는 오찬의 머리 위에서 빙글빙글 돌다가 오찬의 발 옆에 떨어져 돌이 되었다. 쿠는 오찬 없이는 살 수가 없었다…. 쿠의 사랑은 이렇게 끝났다.

신령 이야기

탐욕스러운 농부

옛날 다른 사람들과 멀리 떨어진 호숫가 오두막집에 한 농부가 하늘의 달처럼 홀로 외로이 살고 있었다. 그는 가축을 길러 본 적도, 나무를 베어 본 적도, 사냥을 나가 본 적도 없었다. 여름이면 강에서 물고기를 잡았으며 겨울에는 타이가에서 까마귀밥나무 열매를 모았다. 자신의 외로운 삶에 만족했으며 늘 혼자 울고 웃었다.

해가 짧은 어느 겨울날, 농부는 세 자루가 가득 찰 만큼 많은 까마귀밥나무 열매를 모았다. 기뻤다. 자루를 개썰매에 실어서 집으로 끌고 올 심산이었다.

농부는 굵은 밧줄을 잡아당겨 꽉 묶고 있었다. 자루 입구를 더 꽉 조이면서 생각했다.

'내게 이렇게 많은 까마귀밥나무 열매가 무슨 필요가 있담? 선반에 일곱 개씩만 얹어 놓으면 될 거 같은데….'

까마귀밥나무 열매가 든 자루 하나를 들어 모두 쏟아 버렸다. 가는 길이 한결 편해졌다. 어두워지기 시작했다. 농부는 눈 쌓인 강가를 걸어갔다. 길옆은 까마득한 절벽이었다. 옆으로는 눈 덮인 숲만 보일 뿐이었다. 집까지는 아직 멀었다. 농부는 있는 힘을 다했지만 까마귀밥나무 열매가 가득

한 자루 두 개는 혼자 힘으로는 감당하기 힘들었다.

농부는 엄청 짜증이 났다. 다시 까마귀밥나무 열매 한 자루를 꺼내어 쏟아 버렸다.

"그래, 이젠 자루가 하나밖에 없어. 어떻게든 집까지 끌고 가야만 돼…. 가난한 사람이 이 세상을 살아가는 것은 정말 힘들어! 게다가 이 눈길에 까마귀밥나무 열매를 끌고 가는 일은… 말해 무엇 하겠어…. 그런데 어쩌겠어. 그러지 않으면 굶어 죽고 말 텐데…. 그래, 사람들은 내게 아무것도 나누어 주지 않아. 부자가 되면 이런 일은 하지 않아도 될 텐데."

그는 이렇게 혼자 중얼거렸을 뿐인데… 갑자기 바로 앞에 돌문이 나타나더니… 활짝 열렸다….

농부는 눈에서 땀이 날 만큼 깜짝 놀랐다. 주위를 둘러보았다. 사람도, 불도 없었다. 타이가만이 어둡게 서 있었다. 농부는 조심스럽게 돌문으로 다가가서 안쪽을 들여다보았다. 그곳은 대낮같이 밝았다. 많은 방이 있었는데 방마다 값비싼 흑담비와 여우 모피가 가득 걸려 있었으며 금은보석이 바닥에 산더미처럼 쌓여 있었다.

'우와, 세상에 이런 보물이 여기에 이렇게 많이 있다니!'

농부는 이렇게 생각하면서 살며시 돌문의 문턱을 넘었다.

"여보세요, 안녕하세요!"

농부는 더 용감하게 물었다.

"이 보물의 주인은 누구인가요?"

어디선가 대답이 들려왔다.

"아무도 없네."

"그렇다면 가죽을 아주 조금만 가져가도 될까요?"

"필요한 만큼 가져가게."

놀라서 눈을 크게 뜬 농부는 그 자리에서 움직일 수도 없었다. 다시 목소리가 들려왔다.

"자네가 사는 데 필요한 만큼 가져가게."

농부는 이런 행운이 주어진 데 기뻐하면서 흑갈색 여우 모피를 한 아름 끌어안았다. 자루에 모피를 가득 채운 뒤 개썰매에 올려놓았다. 그 순간 너무 적다는 생각이 들었다. 두 번째 자루에 모피를 가득 채웠다.

'그래 됐어. 이 정도면 평생 충분할 거야.'

돌문을 나서려다 다시 한번 동굴 안을 바라보았다. 그러다 문득, '값비싼 이 모든 것을 낯모르는 누군가가 가지고 가겠지…'라는 생각이 들면서 이대로 남겨 두고 떠나는 것이 무척 안타까웠다. 다시 자루의 까마귀밥나무 열매를 버린 후 동굴 안으로 달려가서 흑갈색 여우 모피를 가득 채워 넣었다.

다시 또 생각에 잠겼다. 그의 눈이 불타기 시작했다. 다시 동굴 안으로 들어갔다. 자신의 윗도리를 벗어서 금은보석을 가득 담은 뒤 묶었다.

동굴에서 나왔을 때 목소리가 물었다.

"농부야, 이제 너는 산신령님의 선물을 받아 부자가 되었구나. 더 이상 혼자 살지 말거라. 이제부터는 마을에 가서 사람들에게 금은보석을 나누어 주면서 같이 살도록 해라."

농부가 대답했다.

"세상에, 바보 같으니라고! 이 보물을 대체 누구에게 나누어 주란 말이에요! … 절대 그럴 수 없어요. 산신령님도 이제부터 다른 사람들에게 아무것도 주지 마세요."

농부의 이 말에 대한 대답은 들려오지 않았고 돌문은 삐거덕거리면서 닫혀 버렸다. 농부는 어렵게 짐을 가득 실은 개썰매를 마을 어귀까지 끌고 왔다. 새벽녘이 되어서야 집에 도착했다. 불도 피우지 않은 채 귀중한 보물을 오두막집 안으로 끌고 갔다. 아무 소리도 나지 않게 침대 밑에 자루를 숨기고는 잠이 들었다. 잠을 제대로 잘 수가 없었다. 내내 생각했다. 자신이 부자가 된 것이 무엇보다 기뻤다. 그리고 보물을 마을 사람들에게 절대 나누어 주지 않을 것이며 사람들에게 보물을 내세워 권세를 휘둘러야겠다는 생각을 했다.

날이 밝을 때까지 농부는 잠을 이루지 못했다. 낮에도 눈을 감을 수가 없었다. 조그만 소리에도 놀랐다. 하룻밤은 공포 속에서 보냈다. 아침 녘에 창문에 덧문을 달고 문에는 걸쇠를 걸어 놓았다. 저녁 무렵 침대 근처에 총을 놓아두었고 베개 밑에는 칼과 도끼를 놓아두었다.

집 밖으로는 아예 나가지도 않았고 늘 누군가 자신의 보물을 훔쳐 가지 않을까 전전긍긍하면서 두려워했다. 이렇게 공포 속에서 며칠을 보낸 농부는 고통과 배고픔으로 몸져누웠다. 그러나 누구에게도 물을 갖다 달라는 부탁조차 하지 않았다. 농부는 사는 것이 괴로웠다. 그는 자신의 보물을 확인해 보아야겠다고 생각했다. 침대 밑에서 자루를 꺼내 풀어 본 뒤 아연실색했다. 자루에는 노란 낙엽과 마른풀만이 가득했다. 윗도리는 강가의 돌로 인해 찢어져 있었다.

농부는 일어나서 도끼를 들고는 덧문을 모조리 부수어 난로에 집어 던졌고 문의 걸쇠를 뜯어냈다. 총은 제자리에 갖다 놓았다. 도끼와 칼도 원래 있던 자리에 갖다 놓았다.

그러고는 마을로 가서 사람들에게 산신령이 자신에게 준 선물이 어째서인지 모두 낙엽과 마른풀로 변해 버린 이야기를 들려주었다.

농부의 이야기를 귀 기울여 들은 노인들은 고개를 저으며 담배를 피운 후에 말했다.

"자네가 사람들과 기쁜 일도 함께할 생각이 없었기 때문에 산신령이 화가 난 거라네."

농부는 아무런 대답도 할 수가 없었다. 그저 눈만 껌벅거릴 뿐이었다. 그리고 탐욕이 얼마나 나쁜 것인지 그제야 깨달았다.

차기스

아주 오래전 이야기다. 외로운 청년이 살았는데 이름도 외롭다는 의미의 차기스[4]였다. 어느 날 그의 집 근처 호수에서 어부 셋이 물고기를 잡고 있었다. 세 사람이 잡은 고기를 모두 합쳐야 꼬치고기 한 마리가 고작이었다. 차기스는 그 옆에서 양에게 풀을 뜯기고 있었다. 세 어부가 차기스에게 꼬치고기를 가져와서는 말했다.

"우리 꼬치고기와 양을 바꾸지 않겠나?"

"이 녀석이 제게 있는 유일한 네발 달린 짐승입니다. 그런데 어떻게 이 녀석과 헤어지겠습니까?"

하지만 차기스는 생각하고 또 생각한 끝에 바꾸기로 했다. 어부들은 차기스의 양을 가져갔다. 차기스는 꼬치고기를 자루에 넣고는 산으로 갔다. 가는 길에 아직 살아 있는 꼬치고기가 자루를 뚫고 나와 땅 위를 뛰어다녔다. 차기스는 돌로 꼬치고기의 머리를 내리친 뒤 다시 자루에 집어넣었다. 그런데 꼬치고기가 다시 자루를 뚫고 땅으로 뛰어나왔다.

---

4) 쇼르어로 '외롭다' 혹은 '홀로 사는 사람'이라는 뜻이다.

청년은 꼬치고기를 다시 돌로 쳐서 정신을 잃게 만든 뒤 자루에 넣어 묶었다. 집 근처에 왔을 때 꼬치고기가 다시 자루를 뚫고 나왔다. 청년은 이번에는 진짜 너무 화가 나서 꼬치고기를 호수에 던져 버렸다. 그리고 집으로 들어가서 자려고 누웠는데….

이른 아침 낯선 사람이 차기스를 깨웠다.

“빨리 일어나 봐. 물 신령이 너를 부르고 있어.”

차기스는 낯선 사람을 따라 자신이 꼬치고기를 던져 넣은 바로 그 호숫가로 갔다. 차기스가 낯선 사람에게 물었다.

“혹시 호수 안으로 들어가려는 건가요?”

낯선 사람이 그에게 말했다.

“내 등에 타, 함께 물속으로 들어가자.”

차기스가 그의 어깨에 올라앉자마자 낯선 사람은 단숨에 물속으로 뛰어 들어갔고 금방 호수 바닥에 이르렀다. 차기스가 말을 할 사이도 없이 일어난 일이었다. 땅 위를 걷듯 호수 바닥을 걸어 다녔다. 환한 세상을 여행하듯이 여기저기 돌아다녔다.

낯선 사람이 차기스에게 말했다.

“어제 물 신령의 아드님이 호수에서 노닐다가 어부들의 그물에 걸려 호숫가로 끌려 나갔어. 그런데 네가 그 아드님을 구해 주는 바람에 호수로 돌아오게 되었지 뭔가.”

차기스는 어제의 꼬치고기를 기억해 낸 뒤 모든 일을 이해하게 되었는데….

"물 신령이 네게 너무 고마워하고 있어. 네게 감사의 표시를 하고 싶어서 너를 부른 거야. 네게 보석과 금을 주시면 거절하도록 해. 선물로 순하고 털이 까칠까칠한 개를 달라고 해. 그 개는 네게 큰 재산을 가져다줄 거야…."

낯선 사람은 차기스에게 이렇게 조언을 했다.

물 신령이 사는 곳으로 가자 물 신령이 마중을 나왔다. 차기스의 손을 잡으며 자신의 집으로 데리고 간 뒤 중앙 자리에 앉혔다. 신령의 아들은 난로 옆에 누워 머리를 손수건으로 동여매고 있었다. 청년은 어제 꼬치고기의 머리를 돌로 내리친 일이 생각이 나서 엄청 놀랐다. 그리고 생각했다. 물 신령이 아들 때문에 자기에게 벌을 내릴 것이라고. 그런데 물 신령은 차기스 앞에 온갖 보석과 금괴 은괴를 펼쳐 놓았다. 물 신령이 말했다.

"이 보석 중에서 가장 마음에 드는 것을 고르도록 해라. 금괴 은괴도 원하는 만큼 가져가도록 해라."

차기스는 보석을 거절했다. 물 신령은 그 앞에 금화를 펼쳐 놓았다. 가져갈 수 있는 만큼 가져가라고 했지만…. 금화도 거절한 차기스가 물 신령에게 말했다.

"제게 선물을 하고 싶으시다면 털이 까칠까칠하고 충직

한 당신의 개를 주십시오. 개는 육지에서 제 친구가 되어 줄 것입니다."

물 신령은 처음에는 막 웃다가 다음에는 슬피 울었다. 그리고 개를 끌어안고는 더 구슬프게 울기 시작했다. 그렇지만 결국 차기스에게 개를 주면서 많은 음식을 대접한 뒤 어제의 그 낯선 사람을 불러 차기스를 호수 위로 데려다주라고 했다.

"고스탸! 내 아들의 생명의 은인을 집까지 데려다주게. 호수 위로 올라갈 때까지 머리카락 한 올 물에 젖으면 안 되네."

청년은 개를 안고 낯선 사람의 등 위에 앉았다. 눈 깜짝할 사이 호숫가에 도착했다. 차기스도 개도 물 한 방울 묻지 않았다. 차기스는 저녁에 자신의 밥그릇에다 자신이 먹는 음식을 담아 개에게 주었고 잘 때는 자기 옆에 뉘었다. 아침에 잠에서 깨어났을 때 차기스는 자신의 눈을 믿을 수가 없었다. 나무 그릇이 얇은 조각 장식이 붙은 금그릇으로 변해 있었다.

저녁에 자신과 개가 먹을 음식을 준비해서 한 그릇에 담아 같이 먹은 뒤 잠을 자려고 개를 다리 위에 눕혔다. 다음 날 아침에 눈을 뜨니 그의 집에 있는 모든 가재도구가 금은으로 변해 있었다. 다음 날 저녁 개를 가슴에 따뜻하게 품고

서 잠이 들었다.

새벽녘 차기스가 잠에서 깨어나 보니 품 안에 개가 없었다. 그때 차기스는 이상한 소리를 들었다. 아궁이에서 딱딱 경쾌한 소리가 나고 있었으며 누군가가 그릇을 살짝 부딪치는 소리가 들렸다. 차기스는 눈을 뜨고 살펴보았다. 반짝이는 황금빛 머리카락의 예쁜 아가씨가 아궁이 옆에 서 있었다. 차기스는 침대에서 뛰어나와 달려가서 아가씨를 껴안았다. 아가씨가 그에게 말했다.

"뭐예요, 너무 서두르지 마세요! 내일 이곳으로 물 신령의 아들이 와서 나를 두고 당신과 싸움을 하려 할 거예요."

다음 날 아침, 정말로 물 신령의 아들이 나타났다. 청년의 집을 들여다본 뒤 아버지에게로 돌아가서 말했다.

"혼자 사는 젊은 녀석에게 왜 제 약혼녀를 주신 거죠? 다시 제게 돌려주지 않으면 더 이상 아버지라고 생각하지 않겠어요."

"차기스를 찾아가서, 그와 숨바꼭질 내기를 해서 이기는 사람이 아가씨를 갖는 것으로 해라."

그 말을 들은 물 신령의 아들은 차기스의 집에 와서 숨바꼭질 내기를 하자고 했다.

차기스가 그에게 말했다.

"숨바꼭질을 하고 싶다면 네가 먼저 숨도록 해. 내가 너를 찾을게."

물 신령의 아들이 숨으려고 뛰어갔다. 차기스는 자기 집에 남았다. 아가씨가 그에게 말했다.

"왜 그를 찾으러 가지 않는 거죠…?"

"어디에서 그 사람을 찾으란 말이오? 말해 줄 수 있겠소?"

"호숫가를 따라가세요. 가축우리가 보이면 그 안으로 들어가세요. 그 안에 염소 세 마리가 있을 거예요. 당신을 보자마자 염소들이 곰처럼 당신에게 덤벼들 거예요. 절대로 당황하거나 놀라면 안 됩니다. 염소들 가운데 양쪽으로 휘어 올라간 뿔을 가진 녀석이 있을 거예요. 그놈의 뿔을 잡고 머리를 흔드세요. 그가 소리를 지를 거예요. 그럼 그 녀석이 바로 물 신령의 아들이랍니다…."

차기스는 가축우리로 들어가서 아가씨가 가르쳐 준 대로 했다. 염소의 머리를 좌우로 마구 흔들자 신령 아들의 목소리가 들렸다.

"아이, 아파, 내 얼굴 내 얼굴!"

차기스는 빨리 자기 집으로 돌아와서 어디에 숨어야 하는지 아가씨에게 물었다.

그녀는 자신의 황금빛 머리카락을 빗으며 앉아 있었다. 차기스를 빗으로 바꾸었다. 물 신령의 아들이 달려와서 식탁 뒤에 앉았다. 품에서 큰 책을 꺼내 읽기 시작했다. 그는 땅에서 자라는 모든 뿌리 식물과 조약돌에 대한 이야기를 남김없이 다 읽었다. 호숫가 강바닥에 그것들이 얼마만큼 있는지 어떻게 자라고 있는지에 대한 이야기도 다 읽었다. 끝까지 읽었지만 책은 청년 차기스가 숨은 곳을 알려 주지 않았다. 물 신령의 아들이 책을 덮었을 때 아가씨가 빗을 떨어뜨렸다. 차기스가 일어나서 소리쳤다.

"나 여기에 있어!"

물 신령의 아들이 다시 숨으러 갔고 차기스는 아가씨 근처에 남았다. 이번에도 그녀가 가르쳐 주었다.

"지금 당장 초원으로 가세요. 소 떼와 마주치게 될 겁니다. 소 떼가 당신을 보면 음매 소리를 내면서 달려들 거예요. 겁내지 마세요. 곧 소 떼들이 울부짖으면서 당신을 에워쌀 거예요. 절대 두려워하지 마세요. 소들 중 덩치가 가장 크고 뿔이 화살처럼 곧은 녀석을 찾으세요. 그리고 용감하게 뿔을 휘어잡고 머리를 이리저리 흔드세요. 그가 살려 달라고 할 겁니다."

정말 아가씨가 들려준 것과 똑같은 상황이 벌어졌다. 물 신령의 아들을 찾은 후 청년은 집으로 되돌아왔다. 아가씨는 바느질을 하고 있었다. 물 신령의 아들이 그들의 집에 달려 들어오기 직전 아가씨는 차기스를 골무로 변하게 한 뒤 손가락에 끼었다. 물 신령의 아들은 새 책을 펼쳐 읽기 시작했다. 땅 위에서 자라는 나무들에 대한 이야기를 낱낱이 읽었다. 물에 사는 모든 물고기의 이름, 타이가에서 생활하는 새와 짐승의 이름도 다시 한번 찬찬히 읽어 보았다. 하지만 어디에도 차기스는 없었다.

그를 찾을 수 있다는 희망을 잃어버린 아들은 화가 나서 크게 소리쳤다.

"나와!"

아가씨가 골무를 바닥에 떨어뜨렸다. 그러자 차기스가 뛰어나오면서 말했다.

"나 여기에 있어!"

세 번째로 물 신령의 아들이 숨었다. 아가씨가 차기스에게 말했다.

"바닷가에 가세요. 큰 돌무더기가 보일 거예요. 그 뒤에 조약돌이 흩어져 있답니다. 많은 새들이 조약돌 위를 자유롭게 거닐고 있을 거예요. 그 가운데 황금빛 빛을 가진 녀석이 보일 거예요. 아주 조심스럽게 그 새를 잡고 머리를 가볍게 이리저리 흔드세요. 새가 사람 목소리를 낼 거예요…."

차기스는 이렇게 해서 세 번째에도 물 신령의 아들을 어렵지 않게 찾아냈다. 그가 나타나기 직전 아가씨는 차기스를 바늘로 바꾸어 버렸다.

물 신령의 아들은 식탁 뒤에 앉아 다시 책을 펼쳐 들고는 오랫동안 읽었다. 땅에 살고 있는 사람들, 땅 위와 땅속에 살고 있는 모든 생물의 이름을 불렀다. 읽고 또 읽었지만 차기스를 찾을 수 없었다. 그러자 울다시피 소리쳤다.

"좀 나와 봐."

아가씨는 바늘을 조용히 바닥에 던졌다. 그러자 차기스가 튀어 나왔다.

"나 여기 있어!"

결국 물 신령의 아들은 아무런 소득도 없이 집으로 되돌아갔다. 아가씨가 차기스에게 말했다.

"그는 더 이상 여기에 오지 않을 거예요. 더 이상 나를 손에 넣으려 하지 않을 것이고 당신을 두려워할 거예요. 차기스, 고마워요. 나를 억압에서 구해 주었어요. 이제 나는 당신의 믿음직스러운 친구가 될 거예요…."

그들은 사이좋게 그리고 오랫동안 함께 살았다.

우스 첼레이의 꾀에 넘어간 죽음

아주 오랜 옛날 죽음이 사람들 사이를 태연히 돌아다니고 있었다. 죽음의 앙상한 뼈다귀는 결혼식이나 축제가 벌어지는 곳에서 하얗게 빛났다. 죽음은 아무 말도 하지 않고 뼈가 앙상한 손에 검은 책을 들고 다녔다. 그러다 죽음이 임박한 사람에게 가서 말했다.

"자, 이제 준비하십시오. 이 세상에서의 삶은 이 정도면 충분합니다. 이제는 죽을 때가 되었습니다."

어느 날 죽음이 한 노인에게 그렇게 말한 뒤 상인 첼레이를 찾아갔다.

"그래, 앙상한 뼈다귀야! 네가 나를 찾아온 것을 보니 내가 죽을 날이 멀지 않았나 보구나. 그래 말해 보아라. 내가 죽을 날이 얼마나 남았느냐?"

죽음은 자신의 검은 책을 펼친 뒤 가만히 들여다보았다.

"당신이 가진 모든 것을 아낌없이 먹고 마십시오. 3년 뒤에 당신은 죽게 될 겁니다."

"더는 안 되겠는가?"

"하루도 더는 안 되오."

죽음은 투덜대면서 책을 탕 하고 한 번 세게 내려친 뒤 제

갈 길로 떠났다.

"그래, 그렇겠지. 절대 안 되겠지…."

첼레이는 이렇게 말한 뒤 예전처럼 아무 일 없는 듯 평온한 삶을 이어 갔다. 산책도 하지 않았고 술도 마시지 않았으며 늘 그랬듯이 열심히 일만 했다.

3년이 끝나 갈 무렵 첼레이는 산꼭대기에 강철로 자물쇠가 아홉 개 달린 관을 만들기 시작했다. 그는 아침에 나가서 저녁에 집으로 돌아왔다. 집으로 돌아올 때는 발자국이 남지 않게 항상 발꿈치를 들고 걸었다. 예정된 날 죽음이 그를 찾아왔다. 그런데 첼레이는 이미 몸을 숨긴 뒤였다.

죽음이 보니 첼레이의 발자국은 산으로 이어져 있었다. 그런데 이상하게도 집으로 돌아오는 발자국은 어디에도 없었다…. 첼레이를 찾기 시작했다. 밤새 찾았지만 찾을 수가 없었다. 화가 난 죽음은 더 기괴하게 하얘지면서 볼멘소리로 투덜거렸다.

"지금 당장 주인 차야치에게서 욕을 듣겠지. 첼레이가 죽지 않았기 때문에 나는 모래가 될 거야."

다음 날도 죽음은 계속 첼레이를 찾아다녔다.

"첼레이! 도대체 어디로 숨은 거야?"

"뭐야! 뼈다귀! 너는 내가 오래전부터 관을 준비한 것을 보지 못했어? 네가 나에게 오지 않는데 내가 왜 네 앞에 나타나?"

"너는 산으로 가는 발자국은 남겼지만 집으로 오는 길에는 발자국을 남기지 않았어. 그 바람에 엄청 당황했잖아."

"나는 오래전부터 너를 기다렸다. 너, 죽음아! 나를 데려가려면 이리 와서 여기 관에 누워 봐. 엄청 편안해. 아마 네 인생의 새로운 분기점이 될 수도 있어."

관을 바라보던 죽음은 관에 들어가 누웠다. 너무 편했다. 죽음은 기쁨으로 들떠 둥둥 떠다니는 것 같았다.

"정말 좋은데! 단단하고 너무 편안해! 일어나기가 싫은데…."

"그래, 그래, 일어나지 마!"

첼레이는 죽음을 자물쇠 아홉 개가 달린 관에 가두고 집으로 돌아갔다.

그로부터 정말 많은 시간이 흘렀다. 차야치는 구름 위에서 땅을 내려다보다가 화들짝 놀랐다. 땅에는 엄청나게 많은 사람들이 살고 있었다. 사람들이 죽지 않는 것이 아닌가!

차야치는 두려움에 떨기 시작했다. 저 많은 사람들이 영원히 죽지 않겠다고 내게 몰려오면 어떡하지! 차야치는 죽음을 애타게 찾았는데 그는 어디에서도 보이지 않았다. 오랫동안 차야치는 땅 여기저기를 살펴보다가 너무 놀란 나머지 뒤로 넘어갈 뻔했다. 산에 철로 된 관 속에 상인의 속임수에 넘어간 죽음이 누워 있는 것이 아닌가! 차야치는 폭풍같이 화를 내었다.

"저런 바보 같으니라고! 제 발로 관 속으로 걸어 들어가다니!"

하지만 차야치는 땅으로 내려가는 것이 두려웠다. 하인에게 관에서 죽음을 풀어 주라고 명령했다.

그때부터 차야치는 죽음이 앞을 보지 못하게 만들었다. 사람들이 죽음에게 장난을 치게 되는 것이 두려워 결국은 아예 죽여 버렸다.

행운의 사나이가 된 네케르

아주 오래전 삼 형제가 같은 초원에서 사냥을 하고 같은 강에서 물고기를 잡으면서 살았다. 어느 날 큰형에게 아들이 태어나자 네케르라는 이름을 지어 주었다. 소년이 한 살 되던 해 막냇삼촌은 조카에게 선물을 주기로 결정했다. 아주 희귀한 동물이나 가장 아름다운 새를 잡으러 타이가로 갔다.

해가 뜰 때부터 질 때까지 타이가를 돌아다녔지만 사냥은 하지 못했다. 다음 날 다시 타이가로 갔지만 역시 아무런 수확도 없이 돌아왔다. 셋째 날도 마찬가지였다. 들꿩도 한 마리 잡지 못했다. 그러자 막내가 큰형에게 말했다.

"아마도 조카는 행운이 따라 주지 않는 아이 같아요. 차라리 그 아이에게 불운한 사람이라는 의미로 이리지라는 이름을 지어 줄걸 그랬어요."

그렇게 어린 네케르는 불운한 사람이라는 의미의 이리지로 더 자주 불리게 되었다. 그는 밝고 민첩했으며 모든 아이들이 그러하듯 친구들과 노느라 정신이 없었다. 그런데 이름과는 달리 친구들과 놀이에서 항상 행운이 따라 주었다. 그럼에도 사람들은 여전히 네케르가 아닌 불운한 사람이라는 의미의 이리지라고 불렀다. 어느 날 네케르가 놀이에서 이기자 샘이 난 친구들이 네케르에게 욕을 퍼부었다.

“이리지, 이리지, 네케르는 이리지래요. 이리지는 불운한 사람이란 뜻이래요!”

네케르는 기분이 상했다. 구슬피 울면서 아버지에게 달려갔다.

“아버지 때문에 나를 너무 못살게 굴어요. 다른 이름을 지어 줄 수는 없었나요? 이리지라는 이름을 참고 견딜 수가 없어요.”

이렇게 말하면서 네케르는 펑펑 울다가 땅에 쓰러졌다. 이 순간 어떤 위로의 말도 네케르에게는 위안이 되지 않았다. 다음 날 새벽노을이 떠오를 때 네케르는 다른 사람보다 훨씬 먼저 잠자리에서 일어나서 몰래 집을 나갔다. 네케르는 고향 마을을 나와 눈길 닿는 대로 무작정 걸어갔다. 그렇게 며칠을 걸어갔다. 얼마나 걸었을까! 어디로 가는지 네케르 자신도 몰랐다. 네케르는 속으로 생각했다.

‘가다가 마음씨 좋아 보이는 사람을 만나면 먹을 것을 달라고 해야겠군! 하지만 불친절하고 성질이 급하게 생긴 사람은 피해야겠지….’

그렇게 네케르는 무작정 걷고 또 걸었다. 그런데 갑자기 뒤에서 다정한 목소리가 들렸다. 돌아다보니 자신의 또래쯤으로 보이는 소녀가 그를 향해 달려오고 있었다. 네케르는 멈추어 서서 소녀가 오기를 기다렸다. 소녀가 양손으로 네케르를 잡고 눈을 쳐다보면서 물었다.

"얘! 어디로 가니? 혼자 가는 거니 아니면 길을 잃은 거니? 왜 집을 나왔니?"

"기분 나쁜 내 이름이 맘에 안 들어. 어른 아이 할 것 없이 이름 때문에 나를 못살게 구는 바람에 집에서 그대로 살 수 없었어. 그렇게 사느니 눈길 닿는 대로 떠나는 편이 훨씬 낫지…."

"참 한심한 아이구나! 너는 행복한 사람이 될 거야. 이름 때문에 전혀 부끄러워할 필요 없어. 집으로 돌아가야만 돼. 원한다면 내가 같이 가 줄까? 나는 친척이 아무도 없어. 나이 든 할머니 외에는…."

"아니야, 절대 집으로 돌아가지 않을 거야. 그곳에 가면 나는 또 웃음거리가 될 것이고 아버지는 도망갔다고 나를 때릴 게 분명해…."

"그러면 우리 집에 가서 같이 살자. 우리 친구 하자. 서로 도와주면서 행복을 사냥하면서 같이 살자…."

네케르가 거절하려고 하자 소녀는 제자리에 꼼작 않고 서서 네케르의 손을 잡고는 놓아주지 않았다. 저녁녘에 둘은 초가집에 이르렀다. 초가집 지붕에서는 검은 연기가 피어올랐다. 소녀가 먼저 초가집으로 뛰어 들어갔고 네케르는 소녀의 뒤를 따라 용감하게 들어갔다. 모닥불 옆에 재처럼 검은 할머니가 앉아서 솥에 무언가를 넣은 뒤 휘적휘적 섞으면서 중얼거리고 있었다. 그러다 네케르를 보자 반갑게 맞이하면서 말했다.

"안녕, 안녕! 내 손자 이리지 네케르가 왔구나. 우리는 오래전부터 너를 기다렸단다…."

네케르는 소스라치게 놀랐다. 할머니가 어떻게 내 이름을 알았지? 할머니는 왜 나를 손자라고 부르는 거지? 네케르는 이 모든 것이 이상할 따름이었다.

"할머니, 드디어 우리 집에 소년이지만 남자가 살게 되었어요. 이제부터 나는 네케르와 같이 놀 거예요. 네케르는 우리에게 음식과 장작을 가져다줄 거예요."

할머니는 더 이상 아무 말도 하지 않았고 솥을 휘저으면서 코 밑으로 무어라고 중얼거렸다. 할머니와 소녀는 누워서 잠이 들었다. 네케르는 조용히 집을 나와 줄행랑을 쳤다. 해가 뜰 무렵 네케르는 이미 이 집에서 멀리까지 가 있었다. 쉬지 않고 눈길 닿는 대로 하루 종일 걸었다. 저녁 무렵 등 뒤에서 바람 소리가 들렸다. 바람은 점점 거세졌고 소리는 점점 커졌다. 바람 소리에서 네케르는 어제 그 소녀의 목소리를 들었다. 네케르는 몸을 숨기기 위해 되돌아서 큰 낙엽송 꼭대기로 재빨리 기어 올라갔다. 네케르는 그 소녀를 또 만나고 싶지는 않았다. 그런데 바람이 나무를 향해, 네케르를 향해 몰아쳐 왔다. 네케르를 새 깃털처럼 낙엽송 꼭대기에서 떨어뜨렸지만 조심스럽게 땅에 내려놓아서 다치지는 않았다. 네케르가 보니 그의 앞에는 어제의 그 소녀가 서 있었다.

"야! 이리지 네케르! 왜 도망갔니? 아무리 그래도 나는 너를 찾아낼 거야. 지구 끝까지라도 쫓아가서 찾아낼 거야. 할머니가 내가 너를 찾는 것을 도와줄 거야. 너를 보면 마음이 아파. 너를 행복하게 만들어 줄게. 나를 피하지 마…."

"나는 절대 행복해질 수 없어. 너도 알다시피 이제는 집으로 돌아갈 수도 없어. 할머니와 너는 마법사가 분명해. 그렇지 않고서야 어떻게 내가 가는 길을 알고 찾아올 수가 있겠어?"

"내 말을 잘 들으면 너는 행복한 사람이 되어서 집으로 돌아가게 될 거야. 모두 너를 부러워할 거야. 아무도 네 불행한 이름을 더 이상 기억하지 못할 거야."

네케르가 저항을 못 하게 소녀는 네케르의 손을 꼭 잡고는 끌고 갔다. 그들은 길에서 밤을 맞이했다. 소녀는 네케르를 동굴로 데리고 갔다. 그곳 모닥불 옆에는 할머니가 앉아서 무언가를 끓이면서 휘젓고 있었고 뭔지 알 수 없는 소리를 중얼거렸다. 할머니가 네케르에게 다시 말을 했다.

"안녕, 안녕, 내 손자 이리지야…."

아침에 네케르가 눈을 떴을 때 동굴 어디에도 할머니는 없었다. 소녀는 네케르에게 상오리로 만든 신발 한 쌍을 주면서 말했다.

"신발이 완전히 너덜너덜해졌어. 이 신발을 신어. 앞으로 더 큰 길을 가야 하거든…."

네케르가 신발을 갈아 신자 소녀는 세 개의 버드나무 가지로 만든 채찍을 네케르에게 주면서 말했다.

"만일 내가 말한 길을 벗어나려고 하면 이 채찍이 너를 때릴 거야…."

"나를 어디로 가게 할 건데?"

"너의 행복을 찾아서. 이곳에서 며칠을 가면 아홉 개의 강이 합쳐지는 곳에 파란 호수가 있고 호수 가운데는 넓고 깨끗한 초원이 있지. 그리고 초원의 끝자락에는 청동으로 만든 웅장한 집이 있을 거야. 그 집에 들어간 뒤 아홉 개의 계단을 올라가서 아홉 번째 방으로 들어가도록 해. 그곳에서 다시 마흔 개의 계단을 따라가서 호수 밑으로 내려가면 황금 집이 보일 거야. 그 집 가운데 황금 식탁이 있는데 신이 그곳에 앉아서 식사를 하고 있을 거야. 황금 식탁에 가서 앉은 뒤 모자를 벗고 신과 인사를 하도록 해. 그리고 나면 너를 위해 산해진미가 화려하게 차려질 거야. 그때부터 쉬지 않고 음식을 먹도록 해. 그때 호수에 사는 온갖 벌레와 물고기들이 식탁으로 뛰어 올라와 너와 함께 식사를 할 거야. 그것들에게 눈길을 주지 말고 그냥 미칠 듯 배가 부를 때까지 계속 먹어. 그 순간 두꺼비가 나타나서 허겁지겁 푸지게 먹고는 밖으로 나가려고 문을 향해 뛰어갈 거야. 그때 두꺼비를 모자로 덮어. 다음에는 무엇을 해야 하는지 네가 알 수 있을 거야…."

네케르는 펄펄 뛰었다.

"너는 나를 죽음으로 몰아넣으려는 것이 분명해! 그런 곳에 가느니 차라리 집으로 돌아가는 편이 훨씬 낫겠어."

"너는 행복을 가득 안고 집으로 돌아갈 수 있어. 그런데 이 행복은 네가 직접 찾아야 해. 네케르! 너의 불행한 이름에서 벗어나고 싶다면 고집부리지 마. 그리고 두려워하지도 마."

그 자리에서 일어난 네케르는 등에 날개가 자라는 것처럼 몸이 아주 가볍다고 느꼈다. 네케르가 동굴에서 나오자 다리가 알아서 앞으로 나아갔다.

"우리 할머니가 네게 선물한 신발이 얼마나 대단한지 한번 경험해 봐. 그곳까지 너를 아주 빨리 그리고 편안하게 데려다줄 거야. 모든 일이 다 끝나면 집에 가게 될 거야. 그리고 집에 가는 길목에서 우리는 다시 만나게 될 거야."

네케르는 길을 떠났다. 걷는 속도가 예전보다 두 배는 더 빨라졌다. 네케르가 이런 무시무시한 속도로 걸을 수 있는 것은 신발 덕분이었다. 발굽이 단단한 사슴도, 날개가 빠른 새도 네케르를 따라올 수 없을 것 같았다. 네케르가 집 쪽으로 돌아서려고 하자 버드나무 채찍이 등을 아프게 후려쳤다. 고단함과 잠에 지쳐 쓰러지려던 순간 네케르가 버드나무 채찍으로 자신을 살짝 내리치자 신발이 전보다 더 빨리 질주하기 시작했다. 얼마나 달렸을까? 앞에 파란 호수가 보였고 그곳으로 아홉 개의 강이 찻잔처럼 흘러들어갔으며 호수 가운데는 초원이 있었다. 네케르는 초원을 향해 달려갔다. 초원 끝자락에는 정말로 청동으로 만든 웅장한 집이 있었다. 40개의 계단을 따라 호수의 밑으로 내려가서 황금 집 안으로 들어갔다. 집의 중앙에는 둥근 황금 식탁이 있었다. 네케르가 식탁에 앉아 모자를 벗고 인사를 건네자 온갖 음식이 식탁에 차려졌다. 네케르는 무작정 먹기 시작했다. 생전 처음 보는 물고기와 뱀처럼 긴 벌레들이 나타나더니 모두 식탁을 향해 달려들었다. 네케르는 그것들을 쳐다보지 않았고 그냥 묵묵히 입안에 음식을 쑤셔 넣을 뿐이었다. 잠시 후 큰 두꺼비가 나타나서 황금 식탁으로 뛰어 올라오더니 음식을 먹기 시작했다. 네케르는 두꺼비에게서 눈을 떼지 않았다. 실컷 먹은 검은 두꺼비는 바닥으로 뛰어내린 뒤 문을 향해 갔고 황금 식탁도 두꺼비의 뒤를 따라갔다. 네케르는 모자로 두꺼비를 덮은 뒤 손에서 모자를 놓지 않았다. 두꺼비는 훌륭한 말처럼 달리기 시작하더니 네케르를 순식간에 호수 바닥에서 호수 위로 데려다주었다.

네케르는 주위를 둘러보았다. 황금 식탁이 태양빛을 받아 반짝이고 있었다. 그때 검은 두꺼비가 사람의 형상으로 바뀌더니 소녀의 할머니에게 고함을 질렀다.

"네케르를 데리고 왔어요."

"내 손자! 불행한 아이 네케르! 이제부터 너는 세상에서 가장 행복한 사람이란다. 네가 물의 신 예지 수그의 황금 식탁을 가지고 오면서 너는 그것의 주인이 되었단다. 이제 집으로 가거라. 그곳에 가면 너를 기쁘게 할 일이 기다리고 있단다. 하지만 내 손녀의 마음을 아프게 해서는 안 된다. 그 아이와 사이좋게 지내고 그 아이를 기쁘게 해 주어라."

그렇게 말한 뒤 할머니는 사라졌다. 땅속으로 꺼졌나? 아니면 호수 물에 녹아 버렸나?

네케르는 황금 식탁을 등에 짊어지고 집을 향해 빛의 속도로 달려갔다. 발은 거의 땅에 닿지 않았다. 그냥 하늘을 날아서 갔다. 고향 마을에서 멀지 않은 곳에 이른 네케르는 등 뒤에서 바람 소리를 들었다. 소녀가 따라오는 소리였다.

네케르는 나무를 잡고는 멈추어 섰다. 소녀는 곁에 다가와서 환하게 미소를 지었다.

"우와! 내 사랑하는 네케르! 너는 집으로 돌아가도 전혀 부끄럽지 않을 거야. 황금 식탁으로 네 친척들과 친구들을 모두 불러서 음식을 대접하도록 해. 그때부터는 누구도 너를 불운한 사람이라고 놀리지 않을 거야."

"소녀야! 정말 고마워. 네 이름을 알려 줘. 네게 고마움을 표하고 싶어. 내가 어떻게 하면 되는지 말해 줘."

"나는 이름이 없어. 원한다면 나를 '우정'이라는 의미로 드루즈바라고 불러 줘. 왜 내게 고맙다는 표시를 하려고 해. 그럴 필요 없어. 내 도움이 필요하면 우리가 처음 만난 길에 와서 나를 부르도록 해. 언제든지 도와줄게. 네가 자라서 어른이 되면 우리는 다시 만나게 될 거야. 그때까지 나를 잊지 마."

이 말을 끝으로 소녀는 어디론가 사라졌다. 그 순간 나뭇잎이 가벼운 바람에 잠깐 살랑거렸다. 집으로 돌아온 네케르는 마을 친척과 친구들을 초대하여 황금 식탁에 앉게 한 뒤 음식을 대접했다. 이후로 마을에서는 누구도 네케르를 불운한 아이라고 놀리지 않았다.

자연 이야기

학이 습지에 살게 된 이유

어째서인지 긴 다리 학은 다른 새들 사이에서 가장 칭송을 받고 싶다는 생각을 하게 되었다. 학은 키가 컸기 때문에 높이 날 수 있었다. 학은 곰곰이 생각했다.

'나를 칭송하고 나에 대해 이야기하게 만들려면 어떻게 해야 하지?'

그러나 아무것도 생각해 낼 수가 없었다. 날개를 흔들면서 구름 바로 아래까지 날아 올라가면서 생각했다.

'내가 높이 날아 올라가는 것을 다른 새들이 보면서 놀라고 있을 거야. 내려가면 나를 우러러보면서 감탄할 거야.'

긴 다리 학이 땅으로 내려왔다. 그런데 마을에서 멀지 않은 곳에서 졸고 있던 검은 까마귀뿐만 아니라 그 누구도 쳐다보지 않았다. 그런 무관심이 학을 심하게 자극했다…. 학은 굉장히 화가 나서 고함을 쳤다.

"검은 까마귀야! 거기에서 뭘 하고 있니?"

"식사를 했어. 그래서 부리를 닦으려고 하는 중이야."

"내가 얼마나 높이 나는지 봤니?"

까마귀가 날개를 움츠렸다.

"내가 그걸 왜 봐야 하는데? 그래, 높이 날든 말든 그건 네

마음 아니야?”

“까마귀야! 넌 바보구나! 그러니까 못 본 거지. 우리 둘 중 누가 눈이 더 좋은지 내기하자.”

“어떻게? 어떻게 하는 건데?”

“각자 완두콩 한 알을 가지고 올라갈 수 있는 만큼 최대한 높이 올라가자. 거기에서 그걸 던진 뒤 먼저 찾아내면 눈이 더 좋은 거지.”

“좋아!”

학은 기뻤다. 학은 모든 새들을 불러 모으면서 큰 소리로 고함을 치기 시작했다.

“트루-리-드루-리-리크.”

학과 까마귀는 야채밭으로 가서 조그만 완두콩을 한 알씩 가지고 왔다.

학과 까마귀가 내기를 한다는 소식을 들은 새들이 와글와글 모여들었다. 모두 웅성거리면서 학과 까마귀 이야기를 했다. 학은 모두에게 자신을 보여 주면서 자신만만하게 내기에 대해 이야기했다.

까마귀가 말했다.

“자, 그럼 이제 시작하자!”

학은 날개를 펄럭이면서 입에 완두콩을 물고 높이 더 높이 날아 올라가기 시작했다. 그 뒤를 입에 완두콩을 문 검은 까마귀가 날아갔다. 땅에서 멀리 아주 높은 곳까지 올라갔다. 이제는 마을이 개미만 하게 보였다.

까마귀는 우리의 학을 쫓아가느라 바빴다. 학은 속도를 늦추지 않으려 안간힘을 쓰고 있었다. 이제는 마을이 작은 점처럼 보였다. 새들이 모여 있는 곳은 아예 보이지도 않았다. 학과 까마귀는 어느덧 높은 은빛 구름 아래에 가 있었다.

학이 입에 든 완두콩을 던지면서 말했다.

"너도 완두콩을 던져!"

"알았어. 그런데 너는 어디에 떨어졌는지 보이니?"

"아니 안 보여! 조금 더 내려가 보자. 그러면 보일 거 같아."

까마귀는 그러자고 했다. 학과 까마귀는 아래로 더 아래로 계속 내려갔다. 그런데 아무리 봐도 완두콩은 보이지 않았다. 학은 자신이 완두콩을 찾지 못했다는 사실을 알아차렸고 이 사실을 모든 새들에게 말했다. 하지만 학은 까마귀도 완두콩을 찾지 못했기 때문에 승자도 패자도 없다고 덧붙였다.

까마귀가 반박했다.

"아니야, 나는 완두콩을 보았어."

"그래? 그럼 어디에 있는지 말해 봐."

"학! 하늘로 올라가면서 마을 끝에 있던 할머니 봤지? 생각나지? 그 할머니가 소젖을 짜고 있었던 것도 생각나지?"

"물론 생각나지."

"할머니가 소젖을 짜고 있을 때 우리 완두콩이 할머니 우유 통에 빠졌어."

"말도 안 돼! 어떻게 그런 허무맹랑한 거짓말을 해!"

"그럼 가서 확인해 보면 되잖아."

학과 까마귀는 다른 새들과 함께 할머니 집을 갔다. 그때 할머니는 우유를 우유병에 넣으면서 거르고 있었다.

학이 물었다.

"할머니, 우유 통 바닥에서 완두콩 같은 것을 보셨나요?"

할머니는 우유를 다 따른 뒤 학에게 완두콩을 주었다.

까마귀가 말했다.

"봐, 우리 완두콩이 맞잖아!"

학이 까마귀에게 졌다. 모든 새들이 웅성거리기 시작했다.

"그렇구나!"

학은 창피해서 새들이 살지 않는 습지로 갔다. 학은 지금까지도 습지에서 살고 있다.

이상한 수달

곰곰이 생각해 보면 동물이나 새들은 근심 걱정 없이 사는 것 같다. 그들 사이에는 많은 땅과 재산을 가진 부족장도 없고, 항상 자신의 가난한 동족들을 빚과 기만에 허덕이게 만드는 탐욕스럽고 영악한 부자들도 없다. 그럼에도 그들은 매년 자연에 몸값을 지불해야 하고 일정한 시기가 되면 세금을 바쳐야 한다. 새는 깃털을, 동물은 털을 세금으로 바친다. 해마다 봄이 되면 모든 동물들은 털갈이를 한다. 따뜻하고 뽀송뽀송한 모피와 겨울 깃털을 자연에 벗어 던진다. 땅에 사는 동물이나 새들은 산이나 타이가의 주인에게, 물에 사는 물고기는 강과 호수의 신에게 세금을 바친다.

동물 중 수달만이 산의 신에게도, 물의 신에게도 세금을 바치지 않으려고 요리조리 발뺌을 한다. 아닌 게 아니라 수달은 강가에도 살고 물에도 산다. 산신이 수달에게 물었다.

"너는 어디에 사는 동물이냐?"

"물에 삽니다!"

그러자 물의 신이 수달에게 물었다.

"참으로 아름답구나, 어디에 사느냐?"

"타이가에 삽니다."

그러자 산신이 화가 나서 물었다.

"너는 누구에게도 복종하지 않는구나. 너는 누구에게 세금을 바쳐야 하는 것이냐?"

수달은 살며시 웃으면서 말했다.

"강의 신에게 바쳐야 합니다."

물의 신에게는 이렇게 말했다.

"저는 산신에게 세금을 바쳐야 합니다!"

그렇게 해서 수달은 그 어떤 신에게도 세금을 바치지 않았다. 그래서 수달은 봄이 되도 털옷을 갈아입지 않으며 아름답고 화려한 가죽은 사시사철 변하지 않고 그대로 있다.

인간에게 불을 가져다준 새들

착한 신령 울겐은 산, 강, 나무, 풀을 만들면서 사람, 동물, 새, 물고기에게 땅과 물을 가져다주었다. 새들에게는 둥지에서 따뜻하고 편안하게 살면서 깃털과 털을 입을 수 있게 해 주었다. 동물도 굴에서 자유롭게 살게 해 주었다. 동물의 털은 촘촘하여 추위를 막아 주었다. 물고기에 대한 이야기는 없다. 모두 먹고살 걱정은 하지 않았다. 먹을거리는 언제든 쉽게 구할 수 있었다. 모두 아주 편안하고 행복했다.

하지만 인간의 상황은 그리 좋지 않았다. 인간은 벌거벗었으며 집에는 불도 없어서 겨울 추위를 이겨 낼 재간이 없었다. 불이 없어 동물이나 풀뿌리를 익혀 먹을 수도 없었다. 인간은 늘 추위와 굶주림에 시달렸다. 결국 인간들은 새들에게 애원했다.

"새들아, 너희는 온 세상을 날아다니니까 태양이나 별 근처에도 갈 수 있지? 그러니 불이 타오르는 산에 가서 불을 우리에게 가져다주면 안 되겠니? 너희만이 우리를 위해 이 일을 해 줄 수 있을 것 같구나."

새들은 사방으로 흩어져서 하늘로 날아갔다. 학은 울겐의 하늘집에 올라서 말했다.

"땅에 만들어 둔 당신의 인간들이 추위와 굶주림으로 죽기 직전입니다. 그들에게 불을 주십시오!"

울겐은 학에게 벼락같이 화를 내면서 모닥불에서 불씨를 주는 것을 거부했다. 학을 집 밖으로 쫓아낸 뒤 자려고 누웠다. 학은 울겐이 잠이 들기를 기다린 뒤 살며시 모닥불로 다가갔다. 학은 자신의 긴 다리로 모닥불에서 불타는 작은 석탄 조각을 꺼낸 뒤 긴 부리에 물고 땅을 향해 전속력으로 날아가서 인간들에게 전해 주었다.

독수리는 조금 쉬고 싶은 마음에 높은 산 위로 올라가서 구름 밑 절벽에 앉았다. 자신의 발톱으로 바위를 긁자 바위가 쪼개지면서 아래로 굴러가다 다른 바위에 부딪혔다. 그러자 불꽃이 높게 치솟았고 그로 인해 마른 나무들이 타오르기 시작했다. 독수리는 바위 파편을 발톱으로 잡아 인간이 사는 계곡으로 돌아와 말했다.

"돌 두 개를 세게 부딪치면 불꽃이 생깁니다. 그 불꽃을 이용해 불을 만들 수 있습니다."

그때부터 사람들은 돌을 부딪쳐서 불을 만들게 되었다.

사냥꾼 안치와 표범

안치라는 이름의 젊은 사냥꾼이 살고 있었다. 어느 날 안치는 곰 고기를 구하려고 산으로 갔다. 습지에서 멀지 않은, 산의 계곡 기슭에서 그는 이상하게 소름 끼치는 소리와 으르렁 소리를 들었다. 안치는 급히 그곳으로 조용히 살금살금 다가갔다.

가까이 다가갔다. 높은 도토리나무 그루터기에 큰 표범이 앉아 있었다. 그런데 눈이 빨갛고 소처럼 아주 큰 두꺼비가 땅에서 표범을 향해 기어가고 있었다.

표범과 두꺼비는 안치를 발견했다. 두꺼비가 먼저 소리쳤다.

"나무 그루터기에 네 사냥감이 앉아 있어. 빨리 쏘라고. 이 알타이 전체에 가장 필요 없는 짐승이 바로 저 표범이야. 자신이 이 세상에서 가장 힘이 세다고 생각하고 있어. 안치, 표범을 죽여. 네게 많은 땅콩기름을 줄게. 그러면 평생 부자로 아주 떵떵거리면서 살 수 있을 거야."

표범이 으르렁거렸다.

"안치! 저 두꺼비를 죽여! 두꺼비는 아주 비열해. 오로지 나쁜 짓만 하려고 하지. 매일 모두에게 무수히 많은 불행만

안겨 주고 있어. 나는 배가 부르면 아무도 건드리지 않아. 하지만 두꺼비는 위장이 아주 커서 닥치는 대로 죽여서 먹어. 안치! 두꺼비를 죽여. 나는 금은보화도 없어. 그렇지만 네게 굳건한 우정을 나누어 줄게!"

안치는 공이치기를 휘두르면서 두꺼비의 거친 등을 조준했다. 불이 번쩍였다. 산에 총소리가 천둥처럼 울려 퍼졌다.

꼬리를 흔들면서 표범이 안치에게 뛰어왔다.

"안치, 고마워. 네가 나를 도왔어. 나는 이 두꺼비와 3년 하고도 3일 동안 싸웠어. 하지만 한 번도 이길 수가 없었어. 이 두꺼비는 타이가를 모두 황폐하게 만들 작정이었어. 그래서 나를 죽이려고 했던 거야. 이제부터 네게 나의 우정을 나누어 줄게. 안치, 약속하겠어. 우리의 우정이 더 두터워지려면 내가 두꺼비와 싸웠다는 사실도, 내가 두꺼비를 한 번도 이긴 적이 없다는 사실도 절대 누구에게도 말하면 안 돼."

"좋아, 말하지 않을게."

표범이 말을 계속 이어 갔다.

"바람이 세상에서 일어나는 모든 소식을 내게 전해 줘. 네가 어디서 무슨 일을 하는지도 나는 금방 알 수 있어. 그러니 오늘의 일을 경솔하게 내뱉고 다니면 안 돼. 그러는 날에는 우리의 우정은 끝나는 거야."

안치가 힘주어 강하게 말했다.

"아무에게도 말하지 않겠다고 약속할게. 한 마디라도 밖으로 내뱉으면 나를 멍청이라고 욕하고 다녀도 돼."

이즈음에서 표범과 안치는 헤어졌다. 표범은 숲에 남았고 안치는 마을로 갔다.

이튿날 마을에서 축제가 열렸다. 이날은 마을의 모든 사냥꾼들이 즐겁게 노는 날이었다. 술을 마시고 서로서로의 말을 받아 채면서 어디에서 어떻게 사냥을 했는지, 어떻게 아주 영리하고 힘센 짐승들을 잡았는지 이야기했다.

젊은 안치는 정신이 왔다 갔다 하기 시작했다. 그는 자신의 약속을 잊고는 경솔하게도 표범을 구했다는 말을 지껄였다.

안치의 이야기를 들은 사냥꾼들은 노래까지 지어 불렀다. 결국 집집마다 소문이 퍼졌다.

다음 날 아침 안치는 다시 숲으로 갔다. 그가 세 번째 계곡을 지나기도 전에 표범이 그를 만나러 달려왔다. 표범은 화가 나서 으르렁거리기 시작했다.

"어흐-흥! 너는 나와의 약속을 지키지 못한 경솔한 사람이야. 그래서 우리는 친구가 될 수 없어."

그 순간 안치는 어제 축제에서 모든 사냥꾼들 앞에서 자신이 경솔하게 말을 내뱉었던 사실이 기억났다….

그는 표범에게 말했다.

"용서해 줘. 독한 물을 마셨어. 그 물은 모든 사람의 정신을 빼놓는단 말이야."

표범은 놀랐다.

"그럼 나도 그럴 수 있어?"

"그럼, 많이 마시면 너도 나처럼 될 수가 있어."

표범이 발을 흔들어 댔다.

"아니야, 그럴 리 없어."

"그럼 가지고 올 테니 한번 마셔 봐…."

표범은 그렇게 하자고 했다.

"가지고 와! 나는 여기로 친구 표범을 데리고 올게."

안치는 마을로 달려가서 많은 술을 산 뒤 큰 통에 넣어서 산으로 끌고 갔다.

곧 표범과 친구 표범이 왔다. 그들은 서로 다정하게 많은 이야기를 했다. 그들은 사이가 좋은 것이 분명했다.

안치는 표범들에게 술을 대접하기 시작했다. 술을 반 통이나 마신 친구 표범이 말했다.

"세상에, 정말 싫어, 진짜 독하군! 머리가 아프고 세상이 두 개로 보이네."

아홉 통의 술을 마신 표범은 이리저리 몸을 흔들면서 소리를 지르기 시작했다.

"너는 아주 나빠, 아무것도 기억하지 못하다니!"

친구 표범이 놀랐다.

"아니야, 정말로 너인지 몰랐어. 진정해! 정신 차려!"

표범이 안치를 향해 포효하기 시작했다.

"여기에서 한 발자국도 움직이지 못하게 될 거야!"

그러고 나서 주위에 있는 나무, 풀, 술통을 마구 물어뜯고 부순 뒤 발로 자신의 가슴을 두드리면서 소리를 질렀다.

"나는 악당 두꺼비를 죽였어. 그놈의 머리를 잘랐다고. 그리고 너, 안치 너도 죽일 거야! 너를 가루로 만들어 버려도 시원치 않아. 너는 나와의 약속을 어겼어! 어흐흥!"

그 자리에서 눈앞이 아찔해진 표범은 땅에 쓰러져 코를 골며 자기 시작했다.

다음 날 안치를 만난 표범이 말했다.

"정말이었어. 독한 물이 나보다 더 세던데. 그걸 마시니 바보가 되는 것 같았어. 생각도 없어지고. 안 마시는 게 낫겠어. 우리의 우정을 이렇게 마무리 짓자. 내가 사냥을 했던 이곳에서 이제는 네가 사냥을 하도록 해. 너의 행복을 위해 내가 떠날게. 더 이상 네 길을 지나다니지 않을게. 그리고 구백 계곡 떨어진 곳으로 떠날게."

그때부터 안치의 마을에는 더 이상 표범이 살지 않게 되었다.

철의 산 테미르 타우

아주 오래전 이야기다. 당시 타이가의 황금 뿔이 달린 사슴, 털이 복슬복슬한 담비는 아직 총소리와 쇠 덫 소리가 무엇인지 몰랐다. 사냥꾼이 들짐승과 날짐승을 잡으러 다닐 때 가지고 다닌 건 활과 화살, 나무로 만든 새덫이 전부였다. 타이가에 있는, 매우 물살이 빠른 므라스강의 기슭에 쇼르인 사냥꾼 삼 형제가 살고 있었다. 두 형제의 사냥감은 풍족했다. 다람쥐와 담비들이 알아서 사냥꾼들을 찾아오는 것만 같았다. 그런데 셋째는 사냥을 잘 못했다. 그는 빈 자루로 집에 돌아오는 날이 허다했다. 제비꽃 뿌리와 장군풀의 줄기만 먹고 살았다.

'타이가의 신령님이 나 때문에 화가 난 것이 분명해.'

사냥꾼은 이렇게 생각하면서 남은 음식물을 타이가의 악령이자 나무의 신인 샬리크에게 바쳤다.

언젠가 착한 신령 울리게니는 악령 샬리크와 그의 아내를 같이 지하 세계에 몰아넣고 무거운 돌로 입구를 막아 버렸다. 그런데 지하 세계에 살던 샬리크가 무사인 아들을 낳으면서 이 아들이 지하 세계를 막고 있던 돌을 치워 버렸다. 샬리크는 다시 땅에 나타났다. 그때부터 그는 아주 심하게 못된 짓을 하기 시작했다.

샬리크는 사리그칸의 아들인데 노란 아카시아로 만든 지팡이를 들고 다녔고 노란 턱수염과 툭 튀어나온 노란 눈을 하고 있었다.

"존경하는 샬리크칸님, 왜 저에게 화가 나신 겁니까? 저는 왜 늘 사냥에서 실패만 합니까?"

사냥꾼은 악령을 달랬다. 불의 신이 자기에게 화를 낼까 봐 남은 차를 모닥불에 뿌렸다. 그러나 여전히 사냥꾼은 사냥에 성공하지 못했다. 사냥꾼은 굉장히 슬펐다. 어느 날 밤, 모닥불을 크게 피우면서 앉아 있었다. 슬픔에 젖어 코무스[5]를 켜면서 우울하게 노래를 불렀다.

"도토리나무로 만든 내 코무스가 말라서 금이 갔네. 이제 곧 완전히 망가질 것 같군. 나의 조용한 목소리도 곧 잠잠해지겠군. 땅에 얼굴을 처박을 날이 머지않았군…."

한밤중에 바람이 타이가를 지나갔다. 사냥꾼의 모닥불 근처에 갑자기 낯선 남자가 나타났다. 머리카락은 초록색이었고 눈도 초록색이었으며 돌로 만든 구두를 신고 있었다. 낯선 남자가 불 옆에 와서 앉더니 말을 했다.

"노래를 불러 보거라. 앉아서 들어야겠다."

---

5) 쇼르인의 전통 현악기의 하나다.

사냥꾼은 무서웠지만 조용히 노래를 부르기 시작했다. 노래를 듣던 낯선 남자가 말했다.

"너는 날짐승도 들짐승도 잡지 못하고 있어. 그래서 슬픈 거야. 나와 함께 가면 부자가 될 텐데…."

사냥꾼은 그의 뒤를 따라갔다. 그들이 어떤 산의 꼭대기에 올라가니 돌문이 나타났다. 그런데 갑자기 돌문이 열리는 것이 아닌가! 사냥꾼은 이 사람이 산신령이라는 생각에 너무 놀라 뒤로 자빠질 뻔했다.

산신령은 그를 산 안으로 데려갔다. 그들은 지하 궁전에 도착했다. 궁전의 한쪽에는 담비, 여우, 흑담비 가죽이 잔뜩 걸려 있었고 다른 쪽에는 보석이 산더미처럼 쌓여 있었다. 중앙에는 술이 가득 담긴 큰 솥이 있었다. 산신령은 사냥꾼이 지금껏 한 번도 먹어 본 적이 없는 강한 맛의 물을 대접한 뒤 큰 자루에다 피처럼 빨갛게 빛나는 보석을 집어넣으면서 말했다.

"나의 이 선물은 네게 힘과 명예를 줄 것이다."

사냥꾼은 동물 가죽을 바라보면서 생각했다.

'이 모피를 내게 조금만이라도 준다면 나는 금방 부자가 될 텐데. 왜 내게 돌만 주는 거지? 정말 돌이 나를 부자로 만들어 줄까?'

산신령은 사냥꾼의 손에 두 번째 자루를 들려 주면서 모피를 가득 채워 넣으라고 명령했다. 쇼르 사냥꾼은 자루에 흑담비 가죽을 가득 채워 넣었지만 궁전 벽에 걸린 가죽은 조금도 줄어들지 않았다.

산신령이 물었다.

"자루 두 개를 더 가지고 가겠느냐?"

"물론 가지고 가고말고요. 가져가겠습니다!"

산신령은 지하 궁전에서 사냥꾼을 데리고 나왔다.

"자, 돌이 든 자루는 절대 버리지 말거라, 돌은 네게 굉장한 부와 권력을 가져다줄 거다."

'내 집까지 짐승 가죽만 가지고 가면 되지 이런 무거운 돌까지 끌고 갈 필요가 있을까? 그런데 산에는 이런 돌들이 없을까? 아니야, 이런 돌들은 산에 지천으로 널려 있기 때문에 원하면 언제든지 구할 수 있을 거야!'

사냥꾼은 이렇게 생각하면서 오는 도중에 돌이 든 자루를 버렸다.

마을에 도착한 사냥꾼은 짐승 가죽을 팔아서 금방 부자가 되었으며 조금 지나서는 직접 상인이 되어 이런저런 물건들을 팔기 시작했다. 돌이 든 자루에 대해서는 아예 기억조차 하지 못했고 그에 대해 아무에게도 이야기하지 않았다. 사냥은 아예 잊어버렸다. 가난한 사냥꾼들이 빚을 갚기 위해 그에게 자신들의 사냥물을 가지고 왔다. 그는 사냥꾼에서 완전히 상인으로 바뀌었다.

산신령은 타이가에서 사냥꾼에게 선물한 돌이 든 자루를 발견했다. 사냥꾼에게 엄청나게 화가 난 산신령은 자루를 산으로 가져가서 다시 땅속 깊은 곳에 숨겨 버렸다. 어느 날 한 젊은 사냥꾼이 타이가를 배회하다가 우연히 돌을 발견하고는 주워 들었다.

'소 피처럼 이렇게 무겁고 빨간 돌은 지금껏 한 번도 본 적이 없는데….'

사냥꾼은 이렇게 생각하면서 그것을 자신의 집으로 가지고 와서 사람들에게 보여 주었다. 사람들도 처음 보는 돌 때문에 너무 놀랐다. 그것을 불로 태워 보기로 했다. 젊은 사냥꾼이 활활 타고 있는 난로에 돌을 던지자 뜨거운 액체가 흘러나왔다. 그런데 잠시 후 부드럽고 단단해지더니 더 이상은 녹지 않았다.

그 순간 사람들은 이것이 철을 생산하는 돌이며 철로는 모든 것을 만들 수 있다는 사실을 깨달았다. 나무를 베는 도끼, 음식을 삶는 냄비, 짐승이나 새를 잡는 데 쓰는 화살을 넣는 화살통 등. 유용한 물건을 많이 만들 수 있었다.

사람들은 젊은 사냥꾼이 신기한 돌을 주운 산으로 가서 철을 찾기 위해 산을 파헤치기 시작했다. 이 이야기를 들은 산신령은 무척 화가 나서 더 깊숙한 곳으로 자신의 보물을 감추어 버린 뒤 크고 단단한 돌로 막아 버렸다. 그 돌 앞에 가면 사람들의 손은 무력해졌다. 하지만 사람들은 더 집요하게 산을 파헤쳤으며 산의 중앙 깊은 곳까지 파들어 갔다.

산신령은 산에서 사람들을 떨어뜨리기 위해 강풍을 날리기도 했다. 돌이 여러 차례 산꼭대기에서 사람들을 덮치기도 했다. 산신령이 아무리 애를 써도 사람들을 쫓아 버릴 수도, 철을 찾는 일을 그만두게 할 수도 없었다. 그들은 어쨌든 철을 생산하는 돌을 숨겨 둔 산 밑 창고까지 오게 되었다.

그리고 이 산을 철산 테미르 타우라고 부르게 되었다. 사람들의 능력과 불요불굴의 의지를 보게 된 산신령은 그들에 비하면 자신은 무력하다고 생각했다. 그래서 들짐승과 날짐승들을 모두 모아서 테미르 타우를 떠나 타이가 깊숙한 곳으로 갔다. 그리고 그곳 어딘가에서 아예 자취를 감추어 버린 것 같다. 사람들이 그를 더 이상 숭배하지 않고 그를 두려워하지 않기 때문이다. 지금 테미르 타우 산기슭에 있는 불의 도시는 매우 유명하다.

오리온자리 칸 예르게크가 나타난 이유

아주 오래전 이 땅에는 칸 예르게크라는 무사가 살았는데 늘 청백색 말을 타고 다녔다. 어느 날 칸 예르게크는 자신의 청백색 말을 타고 사냥개 아홉 마리를 데리고 거대한 큰사슴을 쫓고 있었다. 쫓으면서 이 땅을 세 번 돌고 난 뒤에야 큰사슴 사냥을 할 수 있었다. 큰사슴에게 활을 쏘았고 개들은 번개같이 달려가서 앞발로 큰사슴을 잡았다. 그 순간 큰사슴이 엄청난 속도로 뛰어오르더니 하늘로 달아났다. 칸 예르게크는 말을 타고 세 마리 개를 데리고 큰사슴의 뒤를 따라 하늘로 달려갔다.

하늘에서도 추격전이 계속되었다. 큰사슴은 마치 날개가 달린 듯 엄청난 속도로 달렸다. 무사가 탄 청백색 말은 땀을 뻘뻘 흘리기 시작했고 결국 큰사슴과의 거리가 멀어지고 말았다. 칸 예르게크는 말에서 뛰어내리는 순간 넘어지면서 그 자리에서 별이 되었다. 무사는 펄펄 화를 내면서 큰사슴에게 활을 쏘았다. 화살이 달리는 큰사슴에 가서 꽂히면서 큰사슴은 지평선의 별이 되었다. 칸 예르게크, 그의 세 마리 사냥개, 큰사슴에게 가서 꽂힌 화살도 별이 되어 하늘에서 빛나고 있다. 이렇게 해서 오리온자리라고 부르는 칸 예르게크가 생겨났다.

해 설

쇼르인 설화

쇼르인은 알타이 튀르크계 민족으로 서(西)시베리아 남동 산악지대에 거주하며 주요 거주 지역은 러시아 케메로보주, 하카시야공화국과 알타이공화국 접경 지역이다. 2010년 기준으로 13,000명이 생존해 있으며 '대장장이 타타르', '검은 타타르', '쇼르' 등으로 기록되어 있다. 쇼르의 어원과 관련하여 세 가지 설이 있다. 첫째, 쇼르(sor)는 '슬픔'을 의미하는데 이는 오래전부터 이들이 몽골, 러시아 등 주변의 강한 민족의 핍박을 받아 왔기 때문에 생겼다. 둘째, 쇼르인이 가장 많이 거주하는 강 이름 '쇼르'에서 기원한다. 셋째, 쇼르인 가운데 가장 규모가 큰 씨족명인 쇼르(šor)에서 기원한다. 시베리아 소수민족들은 씨족명이나 민족명을 주로 물과 관련된 지형 즉 강, 호수, 계곡 등의 이름에서 차용한다는 점에 근거할 때 두 번째 설이 가장 설득력이 있다. 쇼르가 민족명으로 확실하게 굳어진 것은 1917년 소비에트연방이 건설된 이후다.

쇼르인은 고대부터 제철의 명인으로도 명성이 높았는데 이미 6세기에 제철 기술을 가지고 있었다. 그럼에도 그들은 늘 힘이 없었고 늘 가난했으며 늘 우울했다. 이는 쇼르인의 설화에 잘 반영되어 있다. 쇼르인의 설화에는 쇼르인의 세계관과 정서뿐만 아니라 전통적인 가옥과 내부 인테리어, 결혼식, 손님맞이, 장례식 등 전통 풍습이 아주 사실적으로 그려져 있다. 모든 시베리아 소수민족의 설화가 그러하듯 쇼르인의 설화는 쇼르 문학과 예술의 자양분이다. 설화에서 작가, 시인, 화가, 음악가 들은 정신적 영감, 지혜, 선과 악의 대립, 아름다움 등에 대한 모티프를 얻는다.

본 책에는 모두 열여섯 편의 쇼르인 이야기가 소개되어 있다. 마법 이야기에는 <마법의 모자>, <안치 아비시카와 카라 몰라트>, <사냥꾼 바뉴샤> 세 편이 소개되고 있는데 상상력을 자극하는 신비한 이야기들이다. <마법의 모자>의 주인공 아스탐은 무척 지혜로운 청년으로 자신의 나라의 왕 카라티칸이 먼 나라에 지혜로운 아가씨가 있다는 소문을 듣고 청혼을 하자 지혜와 마법의 모자를 이용해 왕 카라티칸이 아가씨와 결혼할 수 있게 도와주었다. 그런데 왕이 탐욕스럽고 지혜롭지 못하여 왕의 자격이 없다는 사실을 알게 된 아스탐과 아가씨는 칸을 죽여 백성들을 왕의 폭정에서 구해 준 뒤 결혼한다. <안치 아비시카와 카라 몰라

트>에서 주인공 안치 아비시카와 아내는 뜻하지 않게 곰 아들을 맞이하게 되었는데 곰 아들은 음식이 나오는 마법의 광주리를 부모에게 선물했다. 어느 날 곰 아들은 평범하지만 지혜로운 아크 토르구라는 아가씨를 아내로 맞이했고 곰의 가죽을 벗고 멋진 무사로 변신한 뒤 웅장하고 깨끗한 집을 지어 부모님을 모시고 아내와 행복하게 살았다. <사냥꾼 바뉴샤>에서 주인공 바뉴샤는 고아인데 거대한 흰 뱀과 거대한 검은 뱀이 싸울 때 흰 뱀이 검은 뱀을 물리칠 수 있도록 도와주었다. 바뉴샤는 그 대가로 흰 뱀의 부모님으로부터 나무 찻잔을 선물로 받아 아내도 맞이하고 아주 부유하게 살게 되었다. 어느 날 바뉴샤가 사냥을 나간 사이 형 행세를 하는 자가 아내를 찾아와 나무 찻잔을 가져가는 바람에 바뉴샤는 다시 예전의 궁색한 생활로 돌아가게 되었다. 하지만 깊은 숲속에서 신비한 노인을 만나 부모로 삼고 그들이 키우는 개, 여우, 고양이의 도움으로 나무 찻잔을 찾는다. 쇼르인의 마법의 이야기는 쇼르인의 지혜, 선과 악의 투쟁 등을 마법이라는 모티프를 이용해 잘 보여 준다.

지혜로운 쇼르인 이야기에는 <재판관을 감동시킨 프촐카>, <어리석은 지주와 영리한 사냥꾼>, <죽음으로 끝난 쿠의 사랑> 세 편의 이야기가 소개되고 있다. <재판관을 감동시킨 프촐카>에서 주인공 프촐카는 지혜로운 언행으로 재판관을 감동시켜 재판관의 아들과 결혼한다. <어리석은 지주와 영리한 사냥꾼>에서 지주 파유시는 사냥꾼 코칸을 골탕 먹이려고 내기를 했으나 모든 내기에서 다 지면서 결국 코칸의 지혜에 굴복하게 되었다. <죽음으로 끝난 쿠의 사랑>에서 쿠는 사냥꾼 오찬을 사랑하게 되어 결혼을 했으나 어느 날 오찬이 실종된다. 쿠는 목숨을 걸고 오찬을 찾아 나섰고 결국 찾았지만 백조처럼 오찬의 머리 위를 빙글빙글 돌다가 오찬의 발 옆에 떨어져 돌이 되었다. 지혜로운 쇼르인 이야기는 현명하게 주어진 과제를 극복하면서 삶을 살아가는 쇼르인의 생활 단면을 보여 준다.

신령 이야기에는 <탐욕스러운 농부>, <차기스>, <우스 첼레이의 꾀에 넘어간 죽음>, <행운의 사나이가 된 네케르> 네 편의 이야기가 소개되고 있다. <탐욕스러운 농부>에서 주인공 농부는 산에 갔다가 우연히 산신을 만나 모피와 금은보석을 선물로 받아 부자가 되었다. 산신은 농부에게 이제부터 사람들에게 금은보석을 나누어 주면서 같이 살라고 했으나 농부는 욕심에 눈이 멀어 보물들을 집에 몰래 숨겨 놓고 철통같이 지키다가 어느 날 보물들이 낙엽과 마른풀로 변한 사실을 알게 되었다. <차기스>에서 주인공 차기스는 물 신령의 아들을 구해 준 대가로 신령의 개를 선물로 받았는데 개는 사실은 물 신령 아들의 약혼녀였다. 물 신령 아들은 약혼녀를 찾기 위해 차기스와 내기를 했으나 차기스는 약혼녀의 지혜 덕분에 모든 내기에서 이기고 아가씨와 행복하게 산다. <우스 첼레이의 꾀에 넘어간 죽음>에서 주인공 첼레이는 지혜를 내어 사람의 목숨을 거두는 '죽음'을 철로 만든 관에 가두었고 이후 사람들이 더 이상 죽지 않게 되었다. <행운의 사나이가 된 네케르>에서 소년 네케르는 '불운한 사람'이라는 의미의 별명 '이리지' 때문에 사람들에게 놀림을 받다가 모멸감을 더 이상 견딜 수 없어 집을 나왔다. 그런데 마법의 할머니와 손녀의 도움으로 물의 신의 황금 식탁을 가지고 집으로 돌아오게 되었으며 이후로 누구도 그를 불운한 아이라고 놀리지 않았다. 쇼르인의 신령 이야기에서 신령은 산과 물을 다스리기 때문에 신령 이야기는 쇼르인의 애니미즘과 관련이 있으며 신령은 쇼르인에게 삶의 지혜를 깨닫게 해 주고 부와 행복을 안겨주는 존재다.

자연 이야기에는 <학이 습지에 살게 된 이유>, <이상한 수달>, <인간에게 불을 가져다준 새들>, <사냥꾼 안치와 표범>, <철의 산 테미르 타우>, <오리온자리 칸 예르게크가 나타난 이유> 여섯 편이 소개되고 있는데 쇼르인의 생태적 세계관과 자연에 대한 상상력을 엿볼 수 있다. <학이 습지에 살게 된 이유>에서 학은 까마귀와의 내기에서 져서 창피함을 못 이겨 습지에 혼자 살게 되었는데 이는 학의 습성에 대한 쇼르인의 상상력이 반영되어 있다. <이상한 수달>에서 쇼르인은 상상력을 동원하여 털이 없는 수달에 대한 이야기를 만들어 냈으며, <인간에게 불을 가져다준 새들>에서는 인간이 불을 사용하게 된 연원을 독수리, 학과 관련짓고 있다. <사냥꾼 안치와 표범>은 사냥꾼 안치와 표범의 우정을, <철의 산 테미르 타우>는 쇼르인이 철이 매장된 산을 발견하게 되는 과정을, <오리온자리칸 예르게크가 나타난 이유>에서는 오리온자리가 나타난 이유를 큰사슴 사냥과 관련짓고 있다.

쇼르인의 언어

쇼르인은 인류학적으로 남(南)쇼르인 혹은 산악타이가 쇼르인과 북(北)쇼르인 혹은 산림스텝쇼르인으로 나누어진다. 쇼르인은 언어적으로는 알타이인과 하카스인에 가깝지만 문화적으로는 알타이인과 출림인에 더 가깝다. 쇼르인의 대다수는 러시아어를 사용하며 60퍼센트 이상이 러시아어를 모어(母語)라고 생각한다. 쇼르어는 므라스 방언과 콘도마 방언으로 나누어지며 이들 방언은 다시 하위에서 여러 개의 지역 방언으로 나누어진다.

쇼르인의 종교

과거 쇼르인은 공식으로 러시아정교를 믿었으나 실질적으로 조상 숭배, 사냥 숭배 등 텡그리 사상을 가지고 있다. 쇼르인의 전통적 세계관에 의할 때 세계는 상계(울겐 체르), 중계와 악령의 세계 그리고 하계로 나누어진다. 울겐에는 아홉 개의 하늘이 있는데 일곱 번째 하늘에 달과 별이, 여덟 번째 하늘에 태양이 있고 아홉 번째 하늘에 쇼르인들이 인간과 이 세상을 만들었다고 믿는 하늘신 울겐이 있다.

쇼르인의 축제

칠 파지 축제는 새해맞이 축제로 춘분인 3월 20~21일에 개최된다. 밀티크 파이람 축제는 전체 쇼르인의 축제로 1월 18일에 개최되며 속에 성냥, 동전, 종이 등 조그만 상징물을 숨겨 둔 만두를 먹는다. 이 상징물은 그해 벌어질 특정 사건을 은유화한 것이다. 쇼르 파이랄 축제는 가축 사육제와 농경제로 다른 튀르크족의 축제와 거의 차이가 없지만 미인 경연대회, 긴머리 경연대회 등은 다른 민족과 구분된다.

쇼르인의 역사

쇼르인은 토착 케트인과 외부에서 이주해 온 튀르크계 종족의 융합으로 6~9세기경에 출현했다. 하지만 일부 연구자들은 쇼르인은 쿠즈네츠 마을과 그 경계에서 경제, 언어, 문화적 교류와 융합의 강화로 17세기에 형성되었다고 주장하기도 한다. 쇼르인에 대한 최초의 문헌 기록은 러시아가 토마강 상류를 개척하던 17세기 초로 거슬러 올라간다. 20세기까지 쇼르인에게는 씨족 관계의 흔적이 무척 강하게 남아 있었다. 1917년 사회주의 혁명 이전 그들의 주요 생업은 어로와 모피 동물 사냥이었고 일부는 원시적인 농업, 가축 사육, 상업, 마차를 이용한 수송업에 종사하기도 했다. 20세기 초까지 쇼르인의 수공업은 주로 여성들 중심으로 가족 단위로 이루어졌으며 직물 제조, 도자기 공업, 뜨개질도 발달했다. 쇼르인은 동물 가죽과 나무를 이용하여 안장, 스키, 보트, 가구, 자작나무 껍질 식기, 그 외 세간을 만들었다.

북쇼르인에게는 오래전부터 제철 공업, 철광 개발 등이

큰 의미를 차지했는데 이로 인해 북쇼르인은 대장장이 타타르라는 이칭(異稱)을 얻었다. 하지만 러시아제국에 편입된 이후 차르의 명령으로 쇼르인은 더 이상 제철공업에 종사할 수 없게 되었다.

쇼르인의 주거 형태는 원추형 지붕이 있는 다각형 통나무 집, 반지하 움집이었으며 이들은 여름에는 나무껍질이나 나뭇가지로 만든 집에 거주했다.

20세기 중반부터 쇼르인의 민족 정체성 형성에는 므라스 방언에 기초한 쇼르어와 문자 제정이 큰 역할을 했다. 그럼에도 1940년 이후부터 현재까지도 민족 정체성 약화와 다른 민족과의 융합은 지속적으로 이루어지고 있다.

참고 자료

Дыренкова Н.П., Тюрки Саяно-Алтая, Санкт-Петербург: Наука, 2012.

http://lib7.com/narody-sibiri/1660-shortsy-obschie-svedenija.html

http://www.microarticles.ru/article/osobennosti-shorskogo-folklora.html

https://ru.wikipedia.org/wiki/Шорцы

옮긴이에 대해

엄순천은 러시아어학 박사다. 현재 성공회대 외래교수로 재직 중이며 시베리아 소수민족 언어 및 문화에 관심을 가지고 연구 중이다. 저서로 ≪잊혀져가는 흔적을 찾아서: 퉁구스족(에벤키족) 씨족명 및 문화 연구≫(2016), 역서로 ≪예벤키인 이야기≫(2017), ≪니브흐인 이야기≫(2018), ≪축치인 이야기≫(2018), ≪코랴크인 이야기≫(2018), ≪케레크인 이야기≫(2018) 등이 있다. 연구 논문으로는 <중국 문헌 속 북방지역 소수종족과 퉁구스족과의 관계 규명: 순록 관련 기록을 중심>(2018), <에벤키족 음식문화의 특성 분석 – 인문지형학, 인문경제학, 민속학적 관점에서>(2017) 등이 있다.

쇼르인 이야기

작자 미상
옮긴이 엄순천
펴낸이 박영률

초판 1쇄 펴낸날 2019년 8월 25일

지식을만드는지식
02880 서울시 성북구 성북로 5-11 (성북동1가 35-38)
전화 (02) 7474 001, 팩스 (02) 736 5047
출판등록 2007년 8월 17일 제313-2007-000166호
전자우편 zmanz@commbooks.com
홈페이지 www.commbooks.com

ZMANZ
5-11, Seongbuk-ro, Seongbuk-gu, Seoul, 02880, KOREA
phone 82 2 7474 001, fax 82 2 736 5047
e-mail zmanz@commbooks.com
homepage www.commbooks.com

ISBN 979-11-288-3784-5
979-11-288-3785-2(큰글씨책)
979-11-288-3786-9(PDF 전자책)
책값은 뒤표지에 있습니다.